AUTOGENES
TRAINING

Dr. Peter Kruse / Boris Pavlekovic

AUTOGENES TRAINING

*Ein bewährtes
Selbsthilfeprogramm
mit Erfolgskontrolle*

Bassermann

ISBN 3 8094 1224 4

© 2002 by Bassermann Verlag in der Verlagsgruppe FALKEN/Mosaik, einem Unternehmen der Verlagsgruppe Random House GmbH, 81673 München
© der Originalausgabe by FALKEN Verlag in der Verlagsgruppe FALKEN/Mosaik, einem Unternehmen der Verlagsgruppe Random House GmbH, 81673 München

Fotos: Claus & Liselotte Hannsmann, München (Priv.Slg.) (Seite 77); **A. Kolb,** Mannheim (Seite 7, 41, 61); **J. Mönch,** Bremen (übrige Fotos)
Zeichnungen: W. Bamberger, Gengenbach (Seite 75); **M. C. Escher** (Seite 74); **B. Rieger**, Berlin (Seite 26), **Springer-Verlag**/Heidelberg (Seite 66)
Redaktionelle Koordination: Sabine Kieslich
Herstellung für diese Ausgabe: Eva Kumar

Die Ratschläge in diesem Buch sind von Autoren und Verlag sorgfältig erwogen und geprüft, dennoch kann eine Garantie nicht übernommen werden. Eine Haftung der Autoren bzw. des Verlags und seiner Beauftragten für Personen-, Sach- und Vermögensschäden ist ausgeschlossen.

Satz: Dinges & Frick GmbH, Wiesbaden
Druck: Tesínská Tiskárna a.s., Cesky Tesin
Printed in Czech Republic

012780497X817 2635 4453 6271
04 03 02 01

Inhaltsverzeichnis

Vorwort der Autoren

In der langjährigen Praxis der Vermittlung des autogenen Trainings und der Fortbildung von Kursleitern ist uns der große Wert, den diese Form der Entspannungsübung für Gesundheit und Wohlbefinden hat, immer wieder eindrucksvoll deutlich geworden. Jeder, der sich auf diesen Weg begibt, erlebt den persönlichen Nutzen.

Die zentrale Aufgabe einer Anleitung zum Erlernen des autogenen Trainings ist es, die Motivation des Übenden zu unterstützen. Dieser eigene Antrieb erwächst unmittelbar aus der persönlichen Erfahrung. Und alle Anregungen in diesem Ratgeber sind dafür gedacht, in eigene Erfahrung umgesetzt und auch an ihr überprüft zu werden. Der vorliegende Ratgeber bietet Ihnen viele Grundideen an, die zur unmittelbaren Anwendung im Alltag geeignet sind.

Wir danken allen, die die Entwicklung der in diesem Ratgeber zusammengefaßten Gedanken begleitet haben. Nennen möchten wir die Teilnehmer der von uns durchgeführten Kurse und Fortbildungsseminare zum autogenen Training und zum integralen Entspannungstraining. Besonderer Dank gilt den Mitarbeitern des Norddeutschen Instituts für Kurzzeittherapie, Dr. Wolfgang Eberling, Heinrich Dreesen, Dr. Hermann Holzhüter und Manfred Vogt-Hillmann, den Mitarbeitern des Gießener Instituts für Psychologietransfer, Prof. Dr. Vladimir Gheorghiu und Michael Hübner, den Kollegen in der Deutschen Gesellschaft für Hypnose sowie Prof. Dr. Michael Stadler, Barbara Müller und Dr. Bernhard Meyer-Berendes.

Dr. Peter Kruse
Boris Pavleković
Klaus Haak

Einleitende Anmerkung

Dieser Ratgeber ist aufgebaut wie ein Kurs. Beginnend mit allgemeinen Überlegungen zur Gesundheitsförderung wird ein Programm vorgestellt, das anregt, neue Wege zur Steigerung des eigenen Wohlbefindens im Alltag zu erkunden oder bereits bekannte Wege dorthin bewußt wiederzuentdecken. Anhand von Geschichten, Versuchen und Übungen werden die beschriebenen Vorgehensweisen erfahrbar. Den Kern bildet die Vermittlung der Grundstufe des autogenen Trainings nach J.H. Schulz. Der Ratgeber eignet sich aber auch als Begleitinformation für die Teilnehmer eines Grundstufenkurses zum autogenen Training. Das Buch versteht sich in erster Linie als Sammlung praktischer Anregungen. Hintergrundinformationen dienen der Veranschaulichung und dem Verständnis der praktischen Übungsvorschläge. Als Leser werden Sie an mehreren Stellen aufgefordert, Ihre eigenen Anmerkungen in das Buch zu schreiben – falls Sie dies nicht möchten, sollten Sie sich die entsprechenden Seiten auf Papier übertragen und sie als „Formulare" benutzen. Auf diesem Weg wird das Buch – eventuell ergänzt durch Ihre Formulare – zu einem sehr persönlichen Dokument Ihres Lernens und Erfahrens. Dem Aufbau des Ratgebers entsprechend, bietet es sich an, beim Lesen in der Reihenfolge der Kapitel vorzugehen. Wie bei der Entdeckung einer Landschaft eröffnen sich Ihnen dabei nach und nach immer andere Blickwinkel, Standpunkte sind zu beziehen, hier und da gewinnen die Dinge vielleicht eine anderen Klang.
Seien Sie neu-gierig.

Gesundheit

„Willst du ein Schiff bauen, so rufe nicht die Menschen zusammen, um Pläne zu machen, Arbeit zu verteilen, Werkzeuge zu holen und Holz zu schlagen, sondern lehre sie die Sehnsucht nach dem großen, weiten Meer".

Antoine de Saint-Exupéry

Das wissenschaftliche Weltverständnis, das das westliche Denken prägt, hat sich ohne Zweifel als brauchbar und erfolgreich erwiesen. Auch wenn die Grenzen des Machbaren oder des Vertretbaren sich immer deutlicher zeigen, sind die Möglichkeiten menschlicher Einflußnahme auf die Gestaltung natürlicher und kultureller Gegebenheiten beeindruckend. Sogar Reisen in den erdnahen Weltraum oder gentechnologische Eingriffe in den Bauplan des Lebens sind für uns inzwischen nahezu selbstverständliche Bestandteile unserer Wirklichkeit geworden.

In seltsamem Gegensatz zu der Erkenntnisflut, die die Wissenschaft hervorgebracht hat und unablässig weiter erzeugt, steht die eher bescheidene Zahl von Antworten auf Fragen, die jeden von uns weit unmittelbarer betreffen als manch anspruchsvolles Forschungsvorhaben. Was sind die Bedingungen persönlich empfundenen Glücks? Welche Wege führen zu Zufriedenheit, innerer Ruhe und Selbstentfaltung? Was sind die Voraussetzungen für ganzheitliche Gesundheit, und wie kann sie allgemein gefördert werden? Die Antworten auf Fragen dieser Art sind oft so alt wie die menschliche Kultur und auf den ersten Blick zumeist wenig spektakulär. Werden diese aus der Erfahrung entsprungenen unscheinbaren Antworten jedoch im alltäglichen Handeln umgesetzt, entfalten sie eine große positive Kraft.

Noch ein Ratgeber

Ziel dieses Buches ist es, Wege zum Wohlbefinden aufzuzeigen und direkt umsetzbare Anregungen für eine gesunde und persönlich förderliche Lebenspraxis zu geben. Die bekannte Entspannungsmethode des autogenen Trainings stellt für dieses Vorhaben einen wichtigen Bestandteil dar. Nun ist ja bereits eine Vielzahl von Büchern zum Beispiel über den Einsatz von Entspannungsmethoden zur Bewältigung von Streßsituationen veröffentlicht worden, und dem Interessierten bietet sich eine Fülle von fachkundigen Angeboten in diesem Bereich. Warum also noch ein Ratgeber? Stellen wir uns die Begegnung zweier einander bekannter Personen vor, zum Beispiel auf der Straße oder im Geschäft beim Einkaufen. Man sieht sich, ein freundlicher Gruß wird ausgetauscht, und es entsteht die kurze, mitunter etwas peinliche Pause, in der jeder nach einem unverbindlichen Anknüpfungspunkt für die Unterhaltung sucht. Ausgehend von der Frage nach der allgemeinen Befindlichkeit (Wie geht's denn?) steigen die Beteiligten rasch und mit sicheren Worten des eingeübten Gesprächs in eine ausführliche Beschreibung ihrer Krankheitsgeschichte, der allgemein sich verschlechternden Lebensbedingungen oder der gerade die Zeitungen beherrschenden Katastrophen ein.

Probleme sind offensichtlich ein nahezu unerschöpflicher Themenbereich von großem Unterhaltungswert. Die Darstellung des Mangels, des Verlustes oder der Störung scheint leichter zu fallen als die Beschreibung der Freude am Genießen und Gelingen oder als das Sichausmalen möglicher Lösungswege. Woraus entspringt diese problembezogene Grundhaltung des Denkens? Sind es unbewußte Glaubenssätze, wie sie in manchen Sprichwörtern zum Ausdruck kommen? („Wer hoch steht, wird tief fallen." „Schadenfreude ist die beste Freude.") Ist es die Angst, für oberflächlich gehalten zu werden, wenn man allzu schnell und eindeutig den Blick auf das Positive lenkt? („Nur aus dem Leiden entsteht wahres Wachstum.") Oder steckt dahinter einfach die Attraktivität des Gewohnten? („Lieber ein bekanntes Elend als eine unbekannte Freude.") Welcher Erklärung man auch zuneigen mag, zumindest in unserer Gesellschaft scheint es ein Grundmuster des Denkens zu sein, primär die bestehenden Probleme wahrzunehmen. Oft treten vorhandene Lösungen dabei in den Hintergrund.

Die Medizin beschäftigt sich immer noch mehr mit der Erforschung und der Heilung von Krankheiten als mit den Bedingungen und der Erhaltung von Gesundheit. Die Psychologie ergeht sich häufig ausgiebiger in tiefen Problemanalysen, als Anregungen für Glücksempfinden und Entwicklung zu sammeln und weiterzugeben. Viele Bücher, die sich als Ratgeber für eine gesunde Lebensführung verstehen, folgen dem gleichen Schema. Es ist beispielsweise häufig die Rede von erblichen *Risiko*faktoren, *mangel*nder Bewegung, *falsch*er Ernährung oder von *Streß*belastung. Motivation wird beim Betroffenen über den drohenden Zusammenbruch aufgebaut. Diese Sichtweise fordert dazu auf, sich im Bewußtsein bestehender Schwierigkeiten den eigenen Fehlern zu stellen. Lösungen werden zu Formen der Bewältigung und Vermeidung des Negativen. Die Richtung des Handelns ergibt sich aus der Abwendung krankmachender Bedingungen sowie aus der Behandlung von Krankheit und nicht aus der Hinwendung zur Gesundheit.

Folgt man dagegen der Idee, die der französische Flieger und Schriftsteller Antoine de Saint-Exupéry in dem diesem Kapitel vorangestellten Zitat zusammenfaßt, wird die Vorstellung des zu erreichenden Zieles zum Ausgangspunkt der Veränderung. Die Annahme, daß die unser Handeln formende Kraft mehr aus der lebhaften Zielvorstellung entspringt, steht in Übereinstimmung mit psychologischen Erkenntnissen. Dabei geht es keineswegs darum, Probleme durch Verdrängung zu überspielen, sondern es wird davon ausgegangen, daß die Beschäftigung mit Lösungen eine andere Motivation und Kraftentfaltung erzeugt. Die Aufmerksamkeit wird von einem „weg von" auf ein „hin zu" gerichtet.

Wie bereits erwähnt, möchte Ihnen dieser Ratgeber **Wege zum Wohlbefinden** aufzeigen. Es wird einfach vorausgesetzt, daß sie einen Anlaß haben, Lösungen zu suchen. Diesen Anlaß zu analysieren machen wir bewußt nicht zum Gegenstand unserer Ausführungen. Ziel ist zum Beispiel nicht Problemaufdeckung oder das Bewußtmachen von Streßbedingungen, sondern ein ausgeglichener Umgang mit dem Alltag. Ziel ist Gesundheit. Anhand von Überlegungen und Übungen aus den unterschiedlichsten Bereichen der Psychosomatik und der Psychologie laden wir dazu ein, Ihre Beweglichkeit und Freude bei der Entdeckung der Fülle möglicher Wege, Ansichten und Aussichten im Umgang mit sich selbst, dem eigenen Körper und den Lebensbedingungen zu erhalten und zu vergrößern.

In Verbindung mit diesem Buch erschienen zwei Videokassetten mit dem Kurs zum autogenen Training. Dieser richtet sich an Menschen, die diese Entspannungsmethode selbständig erlernen möchten, und vermittelt die nicht organbezogenen Grunderfahrungen des autogenen Trainings. Die Kassetten können darüber hinaus auch von Lesern dieses Buches zur Unterstützung und Begleitung der eigenen Lernerfahrungen eingesetzt werden. Wenn die Möglichkeit besteht, sollten Sie außerdem an einem angeleiteten Kurs zum autogenen Training, zum Beispiel in der Erwachsenenbildung, bei Ärzten und Psychologen teilnehmen.

Vom Behandelten zum Handelnden

Die Pflege der eigenen Gesundheit ist ein Grundbedürfnis jedes Menschen. Neben der medizinischen und psychologischen Unterstützung besitzt die eigenverantwortliche Mitarbeit in diesem Bereich einen wesentlichen Stellenwert. Die Kenntnisse und Fähigkeiten, die in den Fachwissenschaften erarbeitet werden, können ihre Wirkung nur dann voll entfalten, wenn zwischen Arzt und Patient, zwischen Therapeut und Klient das Bewußtsein und die Verwirklichung einer zielgerichteten Partnerschaft vorherrschen. Gesundheit ist eine gemeinsame Aufgabe. Dabei stehen Bewahrung und Verbesserung gleichberechtigt neben der Wiederherstellung. Auch ohne den Hinweis auf die explodierenden Kosten im Gesundheitswesen ist die Rolle des Patienten in der ihr schon von der Wortbedeutung her (lateinisch patiens bedeutet leidend, duldend) anhaftenden Passivität nicht angemessen. Sowohl bei Krankheit, mit dem Wunsch nach Heilung, als auch bei Gesundheit, mit dem Bedürfnis nach Erhaltung, ist eine andere Einstellung sinnvoll. Auf die eine oder andere Art sind wir alle **auf dem Weg vom Behandelten zum Handelnden** in bezug auf die eigene Gesundheit. Auf diesem Weg entwickeln sich eine neue Verantwortlichkeit und ein neues Selbstbewußtsein.

Eine der ersten Fragen beim Arzt oder Therapeuten kann sein: Wie unterstütze ich meine Gesundheit? Ein Programm wird gemeinsam erarbeitet; zwei verschiedene Fähigkeiten kommen dabei zusammen: Auf der einen Seite das Wissen des speziell Ausgebildeten und auf der anderen Seite die Lebenserfahrung und die Wahrnehmungsmöglichkeiten des Fragenden. Gesundheit ist das gemeinsame Werkstück, an dem gearbeitet wird. Die Abhängigkeit und Passivität des Behandelten verändert sich in Vertrauen und in Bereitschaft zum Miteinander. Eine Reform des Gesundheitswesens sollte hierfür geeignete Rahmenbedingungen schaffen. Ein Schritt kann zum Beispiel die verstärkte inhaltliche und finanzielle Unterstützung von Angeboten sein, die auf eine allgemeine Gesundheitsförderung oder direkt auf eine Erhöhung der eigenaktiven Anteile abzielen. Vielleicht erweist es sich langfristig sogar als ein sinnvoller Beitrag zur Kostendämpfung, wenn etwa die Bereitschaft zum Erlernen einer Entspannungsmethode unmittelbar finanziell vergütet wird. So könnte man beispielsweise die Teilnahme an entsprechenden Kursen durch eine individuelle Verringerung der Krankenkassenbeiträge unterstützen. Zumindest aber sollten positive Aktivitäten nicht noch zusätzliche Kosten verursachen. Derartige Regelungen bestehen zum Teil schon, und die Krankenkassen erweitern ihr Angebot zunehmend in diese Richtung.

Gesundheit ist mehr als die Abwesenheit von Krankheit; Gesundheit entsteht aus dem harmonischen Gleichgewicht der Lebensvorgänge, aus dem Gleichgewicht von Anspannung und Entspannung, Leistung und Erholung, Bewegung und Ruhe. Dieses Gleichgewicht zu gewährleisten kann nur eine ganz persönliche Aufgabe sein.

Sicherlich sind wir häufig im öffentlichen wie im privaten Bereich Bedingungen ausgesetzt, die einen organischen Wechsel zwischen Leistung und Erholung nur sehr begrenzt zulassen. Der Alltag teilt sich in Arbeitszeit und Freizeit. Während der Arbeitszeit sind wir über Stunden nahezu ständig gefordert. Auch für die Freizeit besitzen wir ein großes Maß an anregenden Aktivitätsangeboten; Ruhe und Entspannung finden oft keinen ausreichenden Raum. Ein kurzes Nachdenken bringt uns viele Möglichkeiten anregender und sogar aufregender Ablenkungen zu Bewußtsein. Die Angebote reichen von Kino und Fernsehen über Konzert- oder Discothekbesuche bis zu mitunter extrem fordernden Sportarten wie Squash. Weit weniger vielfältig scheinen die Möglichkeiten zu sein, zur Ruhe und zu sich selbst zu kommen. Wir erinnern uns in diesem Zusammenhang vielleicht an einen Urlaub oder einen Waldspaziergang. Es gilt deshalb in Arbeit und Freizeit neue **Ruheräume** zu **eröffnen** oder bestehende bewußt wahrzunehmen. Im Trubel der Stadt einen Park aufzusuchen, sich bewußt in die Stille eines Museums oder einer Kirche zurückzuziehen, ja selbst Wartezeiten im Auto sind ebenso eine Möglichkeit der Ruhe und des Ausgleichs wie das Erlernen eines Entspannungstrainings. Aus dem Blickwinkel der Gesundheit ist es ein erstrebenswertes Ziel, äußere und innere Ruheräume mehr und mehr zu einem selbstverständlichen Bestandteil des Lebens zu machen.

Vielleicht ist es in absehbarer Zeit nicht mehr ungewöhnlich, wenn in der Schule oder in Betrieben Entspannungsmethoden vermittelt und geübt werden. In China wird bereits heute die Bewegungsmeditation des Tai Chi Ch`uan öffentlich und gemeinsam am Arbeitsplatz oder einfach auf der Straße durchgeführt. Die große Verbreitung, die zum Beispiel das autogene Training bei uns bereits gefunden hat, belegt auch hier die begonnene positive Entwicklung. Zusätz-

lich zeigen die allgemeine Diskussion über Tablettenge- und -mißbrauch, der zunehmend bewußtere Umgang mit Nahrungs- und Genußmitteln sowie die verschiedenen Fitneßwellen die wachsende Verankerung des Verständnisses für Gesundheitsfürsorge. Die Umrißlinien einer gesellschaftlichen „Gesundheitswerkstatt" sind sichtbar.

Ziel des Ratgebers ist es, Wege zum Wohlbefinden zu benennen und Anregungen für eine gesunde und persönlich förderliche Lebenspraxis zu geben. Es soll dabei weniger um Darlegungen vielleicht bestehender Probleme, sondern um den Vorschlag von Lösungen gehen. Die eigenaktiven Möglichkeiten zur Unterstützung der Gesundheit stehen im Mittelpunkt. So handelt es sich beispielsweise darum, im Alltag neue Ruheräume zu eröffnen, bestehende bewußt wahrzunehmen oder wiederzuentdecken. Ein wesentlicher Teil des darzustellenden Vorgehens ist die Entspannungsmethode des autogenen Trainings. Die Freude am eigenen Tun steht dabei im Vordergrund.

Die eigene Standortbestimmung

Ihre Entscheidung, sich mit dem Thema dieses Ratgebers zu befassen, belegt, daß Sie schon Schritte auf dem Weg der partnerschaftlichen Gestaltung der eigenen Gesundheit gegangen sind und Erfahrungen in diesem Zusammenhang gemacht haben. Bevor nun die Landkarte aufgerollt wird, auf der Wege zum Wohlbefinden angeboten sind, können Sie einen Augenblick innehalten und sich Ihren eigenen Standort vergegenwärtigen. Die Momente, bevor wir uns mit etwas bekannt machen, sind kostbar und haben einen besonderen Reiz. Stellen Sie sich vor, Sie sitzen in der Straßenbahn oder im Bus und betrachten die Menschen, die mit Ihnen fahren. Sie sehen die Kleidung und die Gesichter, hören die Art und den Inhalt von Gesprächen und spüren die Gegenwart der anderen. Noch unbeteiligt, machen Sie sich Gedanken über die Sie umgebenden Lebensgeschichten, stellen vielleicht spielerisch Verbindung zu Ihrem eigenen Schicksal her. Sie können sich entscheiden, ob und wie Sie jemanden kennenlernen wollen. Oder vergegenwärtigen Sie sich den Augenblick, bevor Sie ein bestimmtes Gebäude betreten. Sie haben Erwartungen, wie es innen aussieht, welcher Klang oder welcher Geruch Sie empfängt. Sie machen sich die Ziele bewußt, die Sie vor die Eingangstür geführt haben. Sie nehmen wahr, was Sie dorthin mitbringen, und erahnen, was Sie von dort mitnehmen werden. Nehmen Sie sich jetzt – bevor Sie weiterlesen – Zeit zur Bestimmung des eigenen Standortes. Stellen Sie sich die folgenden Fragen, und halten Sie Ihre Antworten in Stichpunkten fest. Versuchen Sie Ihre Antworten möglichst positiv, greifbar und anschaulich zu formulieren. Bewahren Sie Ihre Unterlagen auf, damit Sie sich Ihre Zielvorstellungen immer wieder vergegenwärtigen können.

Was möchte ich durch die Beschäftigung mit diesem Ratgeber für mich erreichen?

_____

_____

_____

_____

_____

_____

Welche Fähigkeiten möchte ich entwickeln, und welche Möglichkeiten zur Umsetzung meiner Wünsche stehen mir schon zur Verfügung?

_____

_____

_____

_____

_____

Woran werde ich merken, daß sich meine Erwartungen erfüllt haben?

_____

_____

_____

_____

Wenn 10 bedeutet, daß sich voraussichtlich alle meine Erwartungen erfüllen und ich alle meine Wünsche realisieren kann, und 0 bedeutet, daß sich voraussichtlich nichts davon umsetzen läßt, für wie wahrscheinlich halte ich jetzt auf der Skala von 0 bis 10 das Erreichen meiner Ziele? Kreuzen Sie das entsprechende Feld an.

0	1	2	3	4	5	6	7	8	9	10

Woran werden andere merken, daß ich meinen Zielen nähergekommen bin?

_____

_____

_____

_____

_____

_____

_____

_____

_____

Wenn 10 bedeutet, daß ich mich rundherum wohlfühle, mit mir und meinen Fähigkeiten zufrieden bin, und 0 bedeutet, daß ich völlig unzufrieden bin, wo schätze ich mich zur Zeit auf der Skala von 0 bis 10 ein? Kreuzen Sie das entsprechende Feld an.

0	1	2	3	4	5	6	7	8	9	10

Ent-Spannung

„Mein Körper ist derjenige Teil der Welt, den meine Gedanken verändern können."
Georg Christoph Lichtenberg

Gesundheit entsteht aus dem harmonischen Gleichgewicht der Lebensvorgänge, aus dem Gleichgewicht von Anspannung und Entspannung, Leistung und Erholung, Bewegung und Ruhe. Weder Anspannung noch Entspannung ist für sich genommen ein erstrebenswerter Zustand. Dauerhafte Leistungsanforderungen führen zu Schädigungen, und dauerhafte Ruhe ist weder sinnvoll noch erträglich. Im Alltagsverständnis von Streß und Erholung spiegelt sich diese Doppeldeutigkeit wieder. Wir reden von aufregenden Situationen, in die wir uns gerne begeben. Nichtstun ist stressig, und Horrorfilme sind entspannend; Ruhe macht einen völlig fertig, und eine Runde Tischtennis dient der Erholung. Problemlos stellen wir die Behauptung auf, daß eine Tasse Kaffee und eine Zigarette immer noch die beste Entspannung sind. Erholung meint offenkundig den Ausgleich zwischen Anspannung und Entspannung. Menschen, die zum Beispiel im Kraftwerk die automatischen Anlagen überwachen, klagen oft über ihre berufliche Situation und laufen Gefahr krank zu werden, weil den ganzen Tag über wenig geschieht; Menschen, die beispielsweise als Fluglotsen tätig sind, klagen ebenfalls über ihre berufliche Situation und laufen Gefahr, krank zu werden, weil viel geschieht. Sind wir unterfordert, suchen wir Anregung, und sind wir überfordert, suchen wir Ruhe. Auf der Erlebnisseite kann demnach Erholung in Abhängigkeit von der jeweiligen Lebenssituation sowohl Ruhe als auch Aktivität bedeuten. Wenn im folgenden von Entspannung und Anspannung die Rede sein wird, ist jedoch nicht die persönliche Einschätzung gemeint. Vielmehr sollen Entspannung und Anspannung als genau beschreibbare, eindeutige körperliche Zustände verstanden werden.

Körperzustände

Die anschließende Darstellung der Körperzustände von Entspannung und Anspannung bezieht sich weitgehend auf Tatsachen, die aus der Erfahrung bekannt sind. Spezielle Kenntnisse werden dabei nicht vorausgesetzt, sondern wir versuchen, die körperlichen Geschehnisse nachvollziehbar zu machen. Denn das Verständnis der Zusammenhänge dient dem Einblick in die Grundprinzipien von Entspannungsmethoden allgemein und der Einordnung eigener Beobachtungen beim Erlernen des autogenen Trainings im besonderen.

Der Tag-Nacht-Rhythmus

Im Alltagsleben ist unsere Aufmerksamkeit in erster Linie nach außen gerichtet, damit wir uns in den Anforderungen der Umwelt zurechtfinden. Ein eindrückliches Beispiel ist der Straßenverkehr; hier präsentieren sich die Konsequenzen einer Unaufmerksamkeit deutlich. Auf die ständige Anpassung der innerkörperlichen Geschehnisse – Herzschlag, Atmung, Nährstoffumsetzung usw. – brauchen wir in der Regel nicht zu achten. Die Folgen zum Beispiel eines plötzlichen Blutdruckabfalles müssen wir uns nicht dauernd vergegenwärtigen und ihm entgegenwirken. Die Einstellung innerkörperlicher Gegebenheiten auf wechselnde Außenbedingungen läuft vielmehr automatisch ab. Dies gilt für Frieren und Schwitzen bei Temperaturveränderungen ebenso wie für Wachen und Schlafen im Wechsel von Tag und Nacht. Die Anpassung an streng regelmäßig wiederkehrende Veränderungen in unserer Umwelt wird uns vielleicht sogar am wenigsten bewußt, sie stellt jedoch eine zentrale, entwicklungsgeschichtlich alte Fähigkeit unseres Körpers dar. Der Wechsel zwischen Leistungs- und Erholungsphasen im Rhythmus von Wachen und Schlafen ist ein Teil der inneren Selbststeuerung des Körpers. Auch in vom Außenlicht abgeschlossenen Räumen behalten Menschen den Tag-Nacht-Rhythmus mit nur geringen Abweichungen bei. Der Rhythmus von Wachen und Schlafen ist demnach nicht eine Reaktion auf den äußeren Wechsel von Tag und Nacht, sondern vielmehr eine innere Vorwegnahme. Die Einstellung des Körpers erfolgt bereits noch bevor die zu erwartende Änderung in der Außenwelt einen Einfluß auf ihn nimmt. Die Anpassung ist auf vorausschauende Art optimal. Zwingen wir den Körper allerdings in Umgebungsbedingungen, die dieser Anpassung nicht entsprechen, wie bei Schichtarbeit, so spüren wir den Umstellungsaufwand, den der Körper leisten muß. Im Falle des Fliegens führt dies zum „Jet-lag", einem Gefühl von unangemessener Müdigkeit, und im Falle der Schichtarbeit nicht selten zu Schlafstörungen bis hin zu ernsten körperlichen Schädigungen. Wie auch immer die Umgebungsbedingungen gestaltet sind, der Körper versucht, im großen Zeitrahmen von Schlafen und Wachen wie im kleinen Zeitrahmen von Anspannung und Entspannung ein günstiges Gleichgewicht zu erhalten. Die Zustände von Leistungsbereitschaft und körperlicher Erholung begrenzen und ermöglichen einander wie der Wechsel von Tag und Nacht.

Die Autonomie

Der Leistungszustand, der Erholungszustand und die ganze Regelung der inneren, vegetativen Körpervorgänge werden von einem Teil des Nervensystems bestimmt, der als vom Willen unabhängig empfunden wird. Entsprechend bezeichnet man diesen Teil des Nervensystems als autonom (griechisch autonómos bedeutet nach eigenen Gesetzen lebend) oder vegetativ. In ihm werden die Zustandsmeldungen aus dem Körperinneren und aus anderen Teilen des Nervensystems ohne unmittelbare Mitwirkung des Bewußtseins zusammengefaßt und in neue Aktivitäten umgeformt. Das autonome Nervensystem ermöglicht gewissermaßen die Selbstbeeinflussung und Selbstlenkung des Körpers mit dem Ziel, das Gleichgewicht der inneren Zustände im Spannungsfeld von Anspannung und Entspannung herzustellen oder zu erhalten.

Eine Anpassung an die Anforderungen der Umwelt findet darüber hinaus indirekt über bereits von anderen Teilen des Nervensystems vorverarbeitete Sinneseindrücke, etwa als Gemütsbewegungen statt. Eine gefährliche Situation macht wachsam. Die Körperveränderungen, die zur Wachsamkeit gehören, vollziehen sich ganz von allein.

Die Autonomie des vegetativen, unwillkürlichen Nervensystems stellt eine für die Lebens- und Überlebensfähigkeit wesentliche Entlastung des Bewußtseins dar. Der Körper wird im Regelfall „automatisch" den Erfordernissen der Umwelt angepaßt, ohne daß das Ergebnis zeitaufwendiger willentlicher Entscheidungsvorgänge abgewartet werden muß. Die Vielfältigkeit innerkörperlicher Geschehnisse würde außerdem das Denken völlig überfordern und uns handlungsunfähig machen, sollten alle diese Regulationsmechanismen bewußt beeinflußt werden. In einem einfachen Vergleich läßt sich die entlastende Wirkung automatisierter Vorgänge am Beispiel des Autofahrens nachvollziehen. Beim geübten Fahrer unterliegt die Bedienung der Kupplung, des Gaspedals und die Wahl des jeweiligen Ganges nicht mehr unmittelbar dem Bewußtsein. Es entstehen Freiräume für Entscheidungsprozesse auf anderen Ebenen. Ein geübter Fahrer kann gleichzeitig einen unbekannten Weg suchen oder sich während der Fahrt unterhalten. Bei diesem Beispiel handelt es sich allerdings um eine Automatisierung von Handlungsabläufen über Lernen. Die Autonomie der Einstellung der innerkörperlichen Vorgänge ist jedoch nicht das Ergebnis eines Lernvorganges, sondern eine überlebensnotwendige entwicklungsgeschichtliche Anpassung an die Erfordernisse der Umwelt.

Die Leistung

Der klarste Fall des Leistungszustandes sind die Flucht- und die Angriffssituation, in denen kurzfristig größte Kraftreserven freigesetzt und bereitgestellt werden müssen, um optimal aufeinander abgestimmte Bewegungsabläufe zu gewährleisten. Die dazu erforderlichen Einstellungen des Körpers werden größtenteils von einer Untereinheit des autonomen Nervensystems hervorgerufen und geordnet, die man als Sympathikus (Leistungssystem) bezeichnet. Zahlreiche Wirkungen des Leistungssystems sind unmittelbar zu erleben, andere hingegen bleiben völlig unbemerkt. Die Freisetzung von Energiereserven aus dem Speicher der Leber oder des Fettgewebes zum Beispiel entzieht sich im gesunden Zustand der Wahrnehmung. Nur über entsprechende Meßverfahren kann man diese Mobilisierung aufzeigen. Demgegenüber wird die Bereitstellung der Energiereserven und deren Ergebnis, etwa die Umsetzung in (Muskel-)Arbeit und Wärme, unmittelbar erlebt. Die in der Folge auftretende Schärfung der Sinne und des Bewußtseins ist für sich bereits ein Bestandteil des Erlebens. Im deutlich ausgeprägten Leistungszustand tritt eine Abkühlung der Finger- und Zehenspitzen bei gleichzeitigem Gefühl von „feuchten Händen" und dem Entstehen einer Gänsehaut auf. Das Herz „klopft" und droht „zum Hals herauszuspringen". Der „Puls rast". Es entwickelt sich ein unbestimmtes „Hitzegefühl". Die Pupillen weiten sich. Man ist „hellwach" und wird geräuschempfindlicher. Auch die Atmung beschleunigt sich, und die Grundspannung der Muskulatur ist erhöht. In dieser Situation wird weder Hunger noch Durst erlebt, der Mund ist trocken, und es geht das Gefühl für den Leib bis auf einen mitunter verstärkt verspürten Harn- und Stuhldrang verloren.

Die aufgelisteten Wahrnehmungen während des Leistungszustands entstehen durch eine Reihe sinnvoller körperlicher Veränderungen. In der Flucht- oder Angriffssituation und in Leistungssituationen allgemein müssen bestimmte Körperbereiche besser versorgt werden als andere. Daher erhöht sich die Versorgungsfähigkeit in einigen Teilen des Blutgefäßsystems bei gleichzeitiger Verringerung in anderen, in der Leistungssituation weniger bedeutsamen Regionen. Die Blutgefäße in der Haut beispielsweise verengen sich, und die Durchblutung in Magen und Darm ist herabgesetzt. Die oberflächliche Minderdurchblutung äußert sich auch in der Abkühlung von Finger- und Zehenspitzen. Dagegen steigt die Förderleistung des Herzmuskels, so daß eine verbesserte Durchblutung der Bewegungsmuskulatur möglich ist. Zusammen mit der verringerten Wärmeabgabe durch die Haut verursacht diese Steigerung der Blutstromstärke ein unspezifisches Hitzegefühl – auch im Kopf spürbar.

Die Blutumverteilung als Folge veränderter Gefäßwiderstände und die Steigerung der Förderleistung des Herzens führen in ihrer Summe zu einem Blutdruckanstieg. Er unterstützt noch zusätzlich die Versorgung der den Leistungszustand aufrechterhaltenden Organe. Über eine Vertiefung und die Beschleunigung der Atmung wird außerdem mehr Sauerstoff in das Blut aufgenommen. Durch das gestiegene Sauerstoffangebot ist die eingangs erwähnte Beschleunigung der Umsetzung von Energieträgern, wie Zucker und Fettsäuren, in Muskelarbeit und Wärme garantiert. Das Geschehen ist vergleichbar mit einer brennenden Kerze: Auch der Energieträger Wachs kann nur in Anwesenheit von Luftsauerstoff in Licht und Wärme umgesetzt werden. Bei der Atmung wie bei der Kerzenflamme wird dabei Kohlendioxid frei. Der sich so im Blut ergebende Anstieg des Kohlendioxidgehalts und der Abfall des Blutsauerstoffgehalts wirken anregend auf Atemfrequenz und -tiefe zurück. Bei der Atmung beschränkt sich die direkte Wirkung des Sympathikus vor allem auf die Weitstellung der Atemwege.

Das Gefühl feuchter Hände, die Gänsehaut, der Stuhl- oder Harndrang, die erweiterten Pupillen, die Zunahme der Geräuschempfindlichkeit, das Hitzegefühl, der heraufgesetzte Wachheitsgrad und die gesteigerte Muskelgrundspannung sind zum Teil unmittelbare Folgen einer erhöhten Aktivität des Leistungssystems. Die Sympathikusaktivität greift an Schweißdrüsen, Haarbalgmuskeln, Schließmuskeln, der Pupillenmuskulatur und den die Trommelfellspannung einstellenden Muskeln an. Ziel des Leistungszustandes ist in erster Linie eine Verbesserung des Zusammenspiels einzelner Körperteile und der Kraftentwicklung bei Bewegungsabläufen. Die Gänsehaut unter Anspannungsbedingungen ist aus der Entwicklungsgeschichte des Menschen heraus zu erklären: Vergleichbar dem aufgestellten Gefieder bei gegeneinander kämpfenden Vögeln handelt es sich hier ebenfalls um das Aufstellen der Körperhaare als Drohgebahren beim Angriff; die Gänsehaut ist also quasi ein Überbleibsel aus den Kindertagen der Menschheit.

Die Erholung

Ganz andere Bedingungen als im Leistungszustand bestehen während der Erholung. Die Orientierung des Körpers nach außen, die die Leistungssituation prägt, kehrt sich während der Erholungsphase um: Nicht die Umwelt ist das Ziel der Aktivitäten, sondern der Körper selbst. Der zum Beispiel aus Flucht oder Angriff entstehende Zeit*druck* der Leistungssituation wandelt sich in den Zeit*raum* einer Erholungssituation. Der Körper arbeitet weitgehend nach seinem eigenen Takt, er erneuert sich. Erneuerung bedeutet, den Leistungszustand zu verlassen und verbrauchte Kraft zurückzugewinnen. Im wesentlichen wird dieser Vorgang durch den Anteil des autonomen Nervensystems ausgelöst und gestaltet, den man als Parasympathikus (Erholungssystem) bezeichnet.

Die Umstellung des Körpers auf den Erholungszustand empfinden wir aus verschiedenen Gründen selten so deutlich wie die vergleichsweise eindrücklichen Veränderungen zu Beginn des Leistungszustandes: Zum einen erfolgt unter dem Einfluß des Parasympathikus zunächst „lediglich" eine Rücknahme der körperlichen Veränderungen aus dem Leistungs- in den Ausgangszustand, zum anderen läßt der Schlaf als Extremfall des Erholungszustandes eine Selbstbeobachtung nicht zu. Die Rückführung der für den Leistungszustand beschriebenen Körperveränderungen findet ihren augenscheinlichsten Ausdruck in dem Gefühl einer angenehmen, den ganzen Körper durchflutenden, bis in Hände und Füße reichenden Wärme. Der Kopf bleibt dabei eher kühl. Der Mechanismus, der dem Wärmegefühl im Körper zugrunde liegt, ist die Öffnung der Blutstromgebiete von Haut und Eingeweiden. Als Folge fällt der Blutdruck ab, was durch die Abnahme der Herzförderleistung noch einmal verstärkt wird. Die verringerte Förderleistung des Herzens bringt Herzklopfen und Pulsrasen zur Ruhe. Der geringere Umsatz von Energieträgern im Erholungszustand führt zu einem geringeren Anfall von Kohlendioxid und einem geringeren Sauerstoffbedarf. Entsprechend wird der Atemrhythmus ruhig und gleichmäßig. Der Wachheitsgrad nimmt als Folge einer relativ geringeren Hirndurchblutung ab. Andere, in dieser Phase ebenfalls dämpfend auf die Hirnleistung wirkende Einflüsse bleiben hier unberücksichtigt. Die in der Leistungsphase an Haut und Sinnesorganen beobachteten Veränderungen werden durch die Wirkung des Parasympathikus aufgehoben. Seine Angriffspunkte sind dieselben wie die des Sympathikus: Im allgemeinen handelt es sich um die glatte Muskulatur der einzelnen Organe.

Wichtiger als die bloße Rückführung aus dem Leistungszustand an den Ausgangspunkt ist jedoch die Wiederherstellung verbrauchter Energie und das Wiederaufladen der Speicher. Dies geschieht über die Aufnahme und Verdauung von Nahrung. Die notwendigen Energieträger gelangen aus dem Darm in das Blut und werden in ihre jeweils organtypische Speicherform überführt. Erfahrbar ist dieser Teil der Aktivität des Erholungssystems als Wiederkehr von Hunger und Durst, oft von einem „Knurren des Magens" begleitet. Beim Anblick von Speisen „läuft das Wasser im Mund zusammen". Auch bei der Aktivität des Parasympathikus stellen sich, allerdings aus anderen Gründen als beim Leistungszustand, Stuhl- und Harndrang ein. Unbemerkt bleibt dagegen die eintretende Anregung der Verdauungsdrüsen sowie die Aufnahme von Nährstoffen in das Blut und deren Überführung in die jeweils zugehörige Speicherform. Die Mehrdurchblutung des Darmes gewährleistet eine rasche Aufnahme von Energieträgern aus der Nahrung in das Blut. Mit ihm gelangen dann die Nährstoffe zur Leber, die einen Teil an andere speicherfähige Organe, etwa an die Muskeln, weiterleitet. Die Voraussetzungen für einen erneut folgenden Leistungszustand sind wieder gegeben. Das Wechselspiel von Leistung und Erholung, Anspannung und Entspannung setzt sich fort.

Die Möglichkeit, jederzeit und willentlich eine Umschaltung von einem Leistungszustand in den Erholungszustand zu erreichen und eine allgemeine Harmonisierung der Lebensvorgänge zu gewährleisten, ist das Ziel von Entspannungsmethoden wie dem autogenen Training.

Sichtweisen

Die körperlichen Erscheinungsbilder von Entspannung und Anspannung, der Erholungszustand und der Leistungszustand, lassen sich genau beschreiben und sind im Empfinden klar zu unterscheiden. Die Bewertung, die die Wahrnehmung von Kör-

Die wesentlichen körperlichen Veränderungen während des Leistungs- und des Erholungszustandes

Betroffener Körperbereich	Leistungszustand	Erholungszustand
Herzmuskel	Frequenz- und Kraftzunahme (Herz schlägt bis zum Halse)	Frequenz- und Kraftabnahme
Blutgefäße in Haut und Bauchraum etc.	Aktive Verengung (Haut wird blaß)	Passive Erweiterung (Wärmegefühl)
Magen-Darm-Trakt	Abnahme der Verdauungstätigkeit	Zunahme der Verdauungstätigkeit (Wärme- und Bewegungsgefühl, Magenknurren)
Speicheldrüsen	Passive Verminderung (Mundtrockenheit)	Aktive Zunahme (Wasser im Munde)
Schweißdrüsen	Aktiv verstärkte Ausscheidung (feuchte Hände)	Passiv verminderte Ausscheidung
Stoffwechsel	erhöhte Nährstoffverbrennung (angespannte Wachheit)	erniedrigte Nährstoffverbrennung Körpererneuerung angeregt
zusätzlich, nicht ausschließlich autonom eingestellt:		
Skelettmuskulatur	Zunahme der Grundspannung (Lagebewußtsein)	Abnahme der Grundspannung (Schwere, kein Lagebewußtsein)
Atmung	Zunahme der Sauerstoffaufnahme	Abnahme der Sauerstoffaufnahme

perzuständen erfährt, ist aber keineswegs eindeutig, sondern hängt von vorhandenen Grundstimmungen, Erwartungen und Situationseinschätzungen ab. Die gleichen Körperempfindungen können ebenso als Ausdruck höchsten Glücks wie als Äußerung von Ärger und Wut gedeutet werden.

In einem eindrucksvollen Experiment haben die Psychologen Stanley Schachter und Jerome E. Singer diesen Zusammenhang anschaulich gemacht: Sie verabreichten Versuchspersonen, die sich zur Teilnahme am Experiment bereiterklärt hatten, den chemischen Botenstoff Adrenalin, der eine allgemeine körperliche Erregung auslöst (Leistungszustand). Ein Teil der Versuchspersonen (Gruppe A) wurde unmittelbar auf die Wirkung des Hormons hingewiesen. Die so Unterrichteten konnten sich den eintretenden körperlichen Erregungszustand über die Hormonwirkung erklären. Für die anderen, nicht über die Wirkung unterrichteten Versuchspersonen (Gruppe B) war der erlebte körperliche Erregungszustand nicht so leicht zuzuordnen. Alle Personen dieser Gruppe B deuteten die Erregung daher als

Gefühl. Ein Teil der Gruppe B wurde im Versuch in eine eher heitere, ausgelassene Umgebung einbezogen und ein anderer Teil in eine eher ärgerliche, frustrierende Situation gebracht. Je nach den äußeren Bedingungen nahmen die Versuchspersonen die ihnen ansonsten unerklärliche körperliche Erregung eindeutig entweder als Freude bis hin zum Glücksgefühl oder als Ärger bis hin zur Wut wahr. **Zwischen angenehm und unangenehm entscheidet manchmal nur die Sichtweise.**

Stellen wir uns einen Menschen vor, der, sich nur mit den Fingern anklammernd, über einem Abgrund an einer Felsplatte hängt: Der ganze Körper ist bis an die Grenzen der Leistungsfähigkeit angespannt. Unter Aufbietung aller Kräfte versucht der Betreffende den Vorsprung zu erklettern. Immer wieder drohen die Finger abzurutschen. Der Schweiß tritt aus allen Poren. Das Herz schlägt rasend. Die Atmung ist stark beschleunigt. Letzte Reserven werden mobilisiert. Im Bewußtsein der gähnenden Tiefe sind alle Gedanken darauf gerichtet, weiter nach oben zu kommen. Handelt es sich zum Beispiel um einen Verunglückten, oder ist die Person auf der Flucht vor einer Bedrohung in diese Situation geraten, wird sie heilfroh sein, wenn sie dem Entsetzen entronnen ist und wieder festen Boden unter den Füßen hat. Gehörte die Situation aber zu einer Aufgabe im Extrembergsteigen, wird die Person alles dafür tun, möglichst bald wieder in den Genuß der besonderen Anstrengung und des Nervenkitzels zu kommen. Die Situationen und die körperlichen Anforderungen sind möglicherweise völlig gleich, aber das Erleben ist grundsätzlich entgegengesetzt.

Jede wahrgenommene Situation wird von uns bereits mit einer Bedeutung versehen. Im Erleben sind Gegebenheiten nicht wertfrei. Erlebte Wirklichkeit ist in gewissem Sinne immer auch Ergebnis eigener Sichtweisen. Diesen Gedanken zu der Aussage „Jeder ist seines Glückes Schmied" zu ver-

einfachen ist jedoch nicht hilfreich. Wir sind zwar Schöpfer von Bedeutungszuschreibungen, aber wir sind auch Gestalter von Lebensbedingungen. Schlechte oder schädliche Arbeits- und Wohnverhältnisse, mangelnde Entspannung und Ruhe, ungesunde oder nicht ausreichende Ernährung lassen sich nicht einfach schönfärben. Wir können unsere Sicht der Welt *und* die Welt bewegen. Das Erleben der Welt können wir dabei unmittelbar beeinflussen, die Welt selbst jedoch nur über zielbewußtes und planvolles Handeln.

Psychosomatik

In dem etwa 1790 entstandenen, diesem Kapitel vorangestellten Zitat des deutschen Aufklärers und Verfassers geistreicher Gedankensplitter Georg Christoph Lichtenberg wird die Idee der unmittelbaren psychischen Beeinflussung doch sogar auf einen Teil der Welt selbst erweitert: auf den Körper. Der Körper ist derjenige Teil der Welt, den Gedanken und Vorstellungen unmittelbar verändern können. Die Möglichkeit der Beeinflussung körperlicher durch geistig-seelische Geschehnisse, der psychosomatische Zusammenhang, spielte in der modernen wissenschaftlichen Medizin lange eine eher untergeordnete Rolle. In jüngster Zeit sind nun direkte Nervenverbindungen zwischen dem Gehirn und Organen des Immunsystems gefunden worden. Die Beziehung zwischen höheren geistigen Funktionen, wie Denken und Fühlen, und körperlicher Befindlichkeit ist somit bereits auf der untersten, der materiellen, anatomischen Ebene nachgewiesen. Für den Praktiker im Gesundheitswesen war die Existenz psychosomatischer Zusammenhänge immer schon eine selbstverständliche Gewißheit und eine wesentliche Voraussetzung des eigenen Handelns. Beeindruckende Hinweise auf die Möglichkeiten psychosomatischer Beeinflussung liefern zum Beispiel der Placeboeffekt und Phänomene der Hypnose. Placebo bezeichnet in seiner Wortbedeutung (lateinisch placebo bedeutet ich werde gefällig sein) das Versprechen der Nützlichkeit oder Hilfe. Gemeint ist mit dem Placeboeffekt die von jeder therapeutischen Anwendung, von jeder Heilmethode ausgehende Hoffnung auf Besserung. Eine Entspannungsübung verspricht Ruhe, eine Schmerztablette verspricht Linderung, schon die bloße Anwesenheit des Arztes gibt Hoffnung. In einer großen Zahl von Beispielen und Untersuchungen ist gezeigt worden, daß bereits allein das Versprechen der Heilung oder Besserung für sich genommen eine erstaunliche körperliche Wirkung entfaltet: Bekommt man ohne es zu wissen statt eines Schmerzmittels Kochsalzlösung gespritzt oder nimmt statt einer Schlaftablette eine Zuckerpille, so ist das Ergebnis in vielen Fällen von dem des eigentlichen Medikaments nicht zu unterscheiden. Selbst wenn eine chemische Wirkung bei einem gegebenen Medikament nachweislich vorliegt, ist der Glaube ein wesentlicher Bestandteil des Erfolges. Neue Medikamente oder Methoden haben erfahrungsgemäß in den ersten Monaten ihrer Anwendung eine stärkere Wirkung, als wenn sie schon lange eingeführt sind. In Krankenhäusern, in denen das Personal selbst von der Wirkung einer Therapie überzeugt ist, werden deutlich größere Erfolge erzielt. Der Placeboeffekt ist ein Teil jeder Heilmethode. Es spricht einiges dafür, daß bis zum Ende des 16. Jahrhunderts die Heilwirkung der medizinischen Behandlungen nahezu ausschließlich auf dem Glauben der Behandelten beruhte. Betrachtet man sich die gesellschaftliche Anerkennung, die die Heilkundigen damals besaßen, muß ihr Erfolg auch ohne naturwissenschaftlich haltbare Methoden ganz beträchtlich gewesen sein.

Die Hypnose ist ein uraltes Heilverfahren, das in gewissem Sinne den im Placeboeffekt aufscheinenden Zusammenhang zwischen Gedanken, Vorstellungen, Erwartungen und körperlichen Veränderungen gezielt in die Therapie miteinbezieht. In der Situation der Hypnose gewinnen Vorstellungsbilder und Glaubenssätze einen besonders hohen Grad von erlebter Wirklichkeit und erreichen dadurch psychosomatische Wirkung. Harmlose Pflanzen lösen beispielsweise allergische Reaktionen aus, wenn man sie sich als giftig vorstellt. Selbst große operative Eingriffe sind schmerzfrei möglich, wenn die Operierten unter Hypnose Schmerzfreiheit als gegeben hinnehmen oder sich in der Phantasie innerlich vom Ort des Geschehens entfernen. Darüber hinaus wird das Immunsystem unter Hypnose nachweislich gestärkt.

Wie eng Körper und Seele zusammenhängen, verdeutlicht auch bereits unsere Sprache: Sie ist voll von Bezügen zwischen psychischen und physischen Vorgängen: Vor Kummer drückt es einem das Herz ab, und vor Freude geht einem das Herz auf. Das Herz ist hart wie Stein, oder es wird einem warm ums Herz. Die Wut verschlägt uns den Atem, und wir machen unserem Unmut Luft. Da bleibt die Luft weg, oder es wird Leben eingehaucht. Da schlägt etwas auf den Magen, und es wird etwas verdaut. Da versucht man das Rückgrat zu brechen, und wir üben den aufrechten Gang. Diese Liste ließe sich noch verlängern. Der wissenschaftlich nachgewiesene enge Zusammenhang zwischen Krankheitsanfälligkeit und Stimmungslagen wie Wut, Trauer, Angst oder Verunsicherung ist auch in der eigenen Erfahrung häufig unmittelbar nachzuvollziehen. Viel Kraft zur Stärkung der eigenen Gesundheit gewinnt man über positive Gefühle und Vorstellungen sowie aus einem liebevollen Umgang mit sich selbst. Dabei entsteht ein Kreislauf, der sich selbst verstärkt: Wir bewerten unsere Umwelt gut und setzen positive Erwartungen in sie, wenn wir uns wohl fühlen, und wir fühlen uns wohler, wenn wir mit unserem Leben im Einklang sind.

Versuch 1

Der psychosomatische Zusammenhang kann über einen kleinen Versuch veranschaulicht werden, der sich ohne größeren Aufwand durchführen läßt. Bitten Sie dazu eine Person um Unterstützung, die Ihnen von Körpergewicht und -größe her ungefähr entspricht. Fordern Sie sie auf, sich bei geschlossenen Augen vorzustellen, daß sie entweder ganz leicht oder ganz schwer ist. Wenn die Person sich ein Bild ausgesucht hat und es sich gut vergegenwärtigen kann, soll sie Ihnen zum Beispiel durch ein leichtes Nicken davon Kenntnis geben. Sie heben dann die Person an und spüren, wie schwer oder leicht sie Ihnen erscheint. Nun bitten Sie sie, sich das Gegenteil der vorherigen Vorstellung zu vergegenwärtigen, und

heben sie abermals an. Stellen Sie den Unterschied im Gewichtsempfinden fest, und raten Sie, wann sich die Person Leichtigkeit und wann sie sich Schwere vorgestellt hat. Diese Form des Gedankenlesens gelingt mit erstaunlicher Sicherheit.

Wenn man sich körperliche Leichtigkeit oder Schwere vorstellt, dann verändert sich völlig unbeabsichtigt und unmerklich die Anspannung der Muskeln im ganzen Körper. Der Gedanke an Leichtigkeit läßt ein Anspannungsmuster entstehen, das einer aufstrebenden Bewegung gleichkommt. Das Anheben wird unterstützt, und der Körper ist für den Hebenden tatsächlich leichter. Bei der Vorstellung von Schwere entspannen sich viele Muskelpartien. Der Körper hat die Tendenz zusammenzusinken und ist damit spürbar schwerer. Wer einmal ein schlafendes Kind oder einen bewußtlosen Menschen angehoben hat, weiß, wieviel Gewicht ein entspannter Körper hat, wenn keine Gedanken oder Erwartungen des Gehobenen den Hebenden in seinem Tun unterstützen.

Anspannung und Entspannung, Leistung und Erholung, sind eindeutig beschreibbare Körperzustände. Für die Gesundheit ist es wichtig, ein harmonisches Gleichgewicht zwischen diesen beiden Zuständen zu gewährleisten. Entspannung und Anspannung sind für sich genommen weder positiv noch negativ. Die Dauer eines Zustandes und die ihm zugewiesene persönliche Bedeutung bestimmen über die Art, wie er erlebt wird. Gedanken und Vorstellungen können körperliche Wirklichkeiten werden. Körperliches und psychisches Wohlbefinden stehen in Wechselwirkung miteinander.

Autogenes Training

Gönne Dir einen Augenblick der Ruhe und Du merkst, wie sinnlos Du herumgehastet bist.

Laotse

Den Alltag der modernen Industriegesellschaft prägt ein hohes Tempo der Lebensabläufe. Große Anforderungen werden an den einzelnen, seine Einsatzbereitschaft, Beweglichkeit und Anpassungsfähigkeit gestellt. Das Gleichgewicht zwischen Leistung und Erholung ist dabei nicht immer gegeben. Anregende Ausgleichsangebote stehen zwar vielfältig und jederzeit zur Verfügung, aber es ist nicht mehr selbstverständlich, in ausreichendem Maße zur Ruhe und zu sich selbst zu kommen. Ein Weg, zusätzliche innere Ruheräume zu schaffen, besteht im Erlernen eines Entspannungstrainings. Die haben die willentliche Umschaltung des Körpers vom Leistungs- auf den Erholungszustand zum Ziel. Um dies zu erreichen, bedarf es eines speziellen Trainings, da körperliche Entspannung nicht ohne weiteres unmittelbar willentlich herbeigeführt werden kann.

Leistung und Erholung sind zwar eindeutig beschreibbare körperliche Zustände, sie werden aber vom vegetativen, autonomen Nervensystem bestimmt. Anders als bei dem Teil des Nervensystems, der für die Skelettmuskulatur und die Fortbewegung zuständig ist, können wir unserem Körper im Wirkungsbereich des autonomen Nervensystems nichts direkt willentlich befehlen. Das Bild des Gehirns als einer Kommandozentrale unseres Ichs („Gehirn an Herz: Verlangsamen! Gehirn an Blutgefäße: Weiten! Gehirn an Speicheldrüsen: Ausscheiden! Gehirn an Magen-Darm-Bereich: Durchbluten und bewegen!" usw.) gilt hier nicht. Anders als bei der Bewegungssteuerung setzen sich direkte Befehle nicht um. Die zum Umschalten in den Erholungszustand notwendigen Kommandos sind zwar eindeutig beschreibbar, das Wissen allein nützt jedoch nichts. Alle Entspannungsmethoden bedienen sich daher bestimmter Umwege, um das gewünschte Ziel, den Erholungszustand, zu erreichen und das Problem der scheinbaren Autonomie der vegetativen Umschaltung zu lösen. Diese Umwege bilden auch die Grundprinzipien des autogenen Trainings.

Die Grundprinzipien

Alle Entspannungsmethoden lassen sich letztlich auf zwei Grundprinzipien zurückführen:
auf die Verbesserung der Körperwahrnehmung und
auf den Umweg über die Vorstellung.
In verschiedenen Methoden werden allerdings die Anteile der beiden Prinzipien unterschiedlich gewichtet. Die Progressive Relaxation nach E. Jakobson oder die Entspannungsanteile des Yoga beispielsweise bauen in erster Linie auf der Verbesserung der Körperwahrnehmung auf. Das autogene Training bezieht beide Prinzipien nahezu gleichberechtigt mit ein. Professor J. H. Schultz, der das autogene Training (griechisch autos bedeutet selbst, die griechische Wurzel gen- bedeutet entstehen) zwischen 1920 und 1930 entwickelt hat, bezeichnet es auch als eine Form der konzentrativen Selbstentspannung. Der Begriff der Konzentration bezieht sich dabei sowohl auf die besondere Aufmerksamkeit gegenüber Geschehnissen im Körper als auch auf die Bedeutung von Vorstellungsbildern.

Die Körperwahrnehmung

Bis auf wenige Ausnahmesituationen nehmen die meisten Menschen die Vorgänge im Innern ihres Körpers kaum oder gar nicht wahr. Wenn wir wach und aktiv sind, ist die Aufmerksamkeit nach außen gerichtet; man sieht, hört, riecht, schmeckt, befühlt oder ertastet. Wenn das Herz nicht gerade bis zum Halse schlägt, der Magen knurrt, oder wir bis über beide Ohren erröten, findet der Puls, die Verdauungstätigkeit oder die Hautdurchblutung eher wenig Beachtung. Der Körper „funktioniert". Wir sind handlungsfähig und einsatzbereit. Glücklicherweise brauchen wir uns um die Gestaltung und die aufgabengerechte Anpassung der Geschehnisse im Körper nicht zu kümmern. Die Regulation durch das autonome Nervensystem setzt unsere ohnehin oft überforderte Aufmerksamkeit frei für die Anforderungen der Außenwelt. Wenn es jedoch darum geht, die vegetativen Funktionen des Körpers willentlich zu beeinflussen, ist die feine Wahrnehmung der inneren Geschehnisse von wesentlicher Bedeutung. Das bewußte Registrieren der Wirkungen des eigenen Tuns ist eine unverzichtbare Voraussetzung jeden Lernens. Stellen wir uns eine Person vor, die ein einfaches Musikstück auf einem ihr bislang unbekannten Instrument lernen soll. Sie bekommt die Melodie so oft vorgespielt, wie sie will. Zusätzlich ist die Person im Besitz der Noten und in der Lage, sie zu lesen. Allerdings wird ihr jeder Blick auf das Instrument unmöglich gemacht, und sie bekommt während des eigenen Spiels keinen Ton davon zu hören. Unter diesen Bedingungen wird es selbst einer genialen musikalischen Begabung nicht gelingen, das Ziel auch nur annähernd zu erreichen.
Was für die beschriebene künstliche Situation gilt, trifft im Grundsatz natürlich allgemein auf das Erlernen von Musikinstrumenten zu. Auf irgendeine Art müssen die am Instrument ausgelösten Töne wahrgenommen werden, um einen sinnvollen Umgang mit ihnen zu ermöglichen. Und je feiner diese Wahrnehmung ist, desto wahrscheinlicher ist der Erfolg und desto größer das Können am Instrument.
Wie das Erlernen von Musikinstrumenten an eine Schulung des Gehörs gebunden ist, so ist das Erlernen der willentlichen vegetativen Umschaltung zum Erholungszustand gebunden an eine Schulung der Körperwahrnehmung. Unsere Unterscheidungs-

fähigkeit in bezug auf Außenreize wird in unserem Leben von Anfang an geübt, und wir werden entsprechend sensibel für feine und feinste Änderungen. Die Wahrnehmung der innerkörperlichen Geschehnisse bleibt, obwohl eine Vielzahl von Sinnesflächen (Rezeptoren) vorhanden ist, normalerweise weitgehend untrainiert und oberflächlich. In gewissem Sinne sind wir Analphabeten in bezug auf die Sprache unseres eigenen Körpers. Wenn es uns allerdings gelingt, auch kleinste Muskelverspannungen oder Durchblutungsveränderungen wahrzunehmen, können wir die willentliche Umschaltung zum Erholungszustand lernen; wir können lernen, die scheinbare Autonomie des vegetativen Nervensystems aufzuheben. Voraussetzung ist, daß wir das autonome innerkörperliche Geschehen ins Bewußtsein heben.

Neben dem Weg der Entwicklung der eigenen Wahrnehmungsfähigkeiten wird das Prinzip des Lernens über Rückmeldung auch bei technischen Hilfsmitteln eingesetzt, die speziell zur Unterstützung der Umschaltung vom Leistungs- zum Erho-

Bewußtsein

Umweltereignisse
(sehen, hören usw.)

Gedanken und Vorstellungen

autonomes
innerkörperliches
Geschehen

lungszustand entwickelt worden sind. Es handelt sich um sogenannte Biofeedbackgeräte (englisch feedback bedeutet Rückmeldung). Rückmeldung bezeichnet die bewußte Wahrnehmung der Ergebnisse des eigenen Tuns und durch sie wird der Lernerfolg als Übereinstimmung zwischen dem gewünschten und dem tatsächlichen Zustand erlebbar. Mit Biofeedbackgeräten werden nur schwach oder indirekt wahrnehmbare Körpersignale elektronisch aufgenommen, verstärkt und in unüberhörbare oder nicht zu übersehende Veränderungen übersetzt.

Das Prinzip des Biofeedback ist bereits erfüllt, wenn wir mit den Fingern unseren eigenen Puls fühlen. Über den Tastsinn machen wir die feine Druckwelle, die vom Herzen ausgehend durch den ganzen Körper strömt, in der Außenwahrnehmung spürbar. Mit entsprechenden technischen Meßfühlern läßt sich jedoch nicht nur der Puls erfassen. Veränderungen der Hautdurchblutung, der Muskelspannung, ja selbst die elektrische Aktivität des Gehirns kann aufgenommen, verstärkt und rückgemeldet werden. Im Zusammenhang mit Entspannung spielt die elektrische Leitfähigkeit der Haut als Meßgröße eine besondere Rolle; es hat sich gezeigt, daß die Leitfähigkeit der Haut mit der Tiefe der körperlichen Entspannung abnimmt. Am leichtesten kann man sich dies in Zusammenhang mit der Tatsache erklären, daß in der Entspannung die Tätigkeit der Schweißdrüsen in der Haut passiv vermindert ist (feuchte Hände bei Anspannung). Wird die Leitfähigkeit nun gemessen und zum Beispiel in einen Ton mit veränderlicher Höhe umgesetzt, so kann man der eigenen Entspannung quasi zuhören und erleben, wie jeder Gedanke den Körper als Ganzes beeinflußt. Denkt man an eine aufregende Situation, geht die Leitfähigkeit und damit die Tonhöhe hoch; denkt man an eine angenehm beruhigende Begebenheit, sinkt die Leitfähigkeit, und der Ton wird

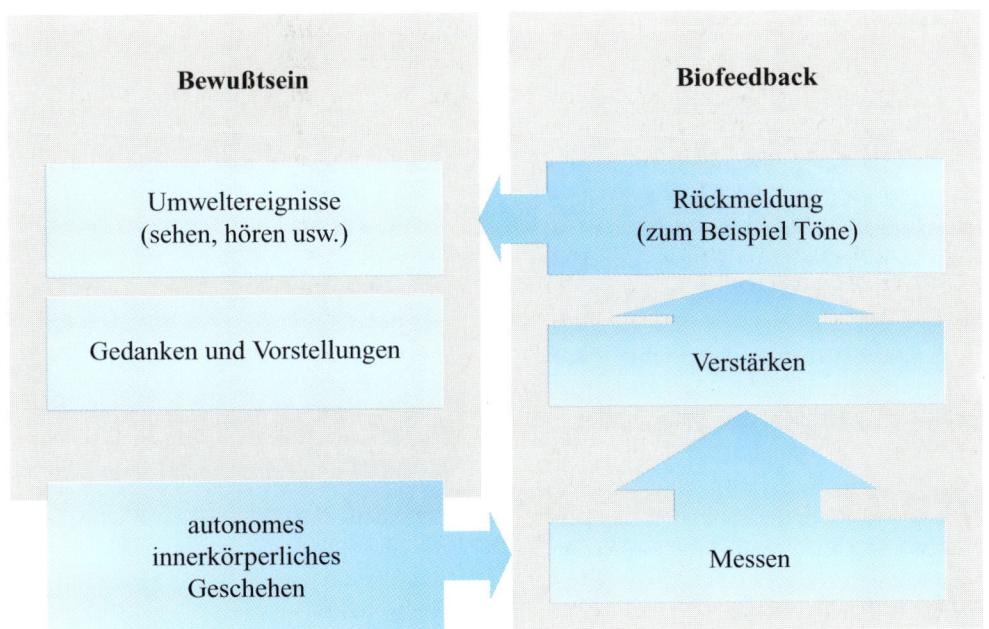

Bewußtsein	Biofeedback
Umweltereignisse (sehen, hören usw.)	Rückmeldung (zum Beispiel Töne)
Gedanken und Vorstellungen	Verstärken
autonomes innerkörperliches Geschehen	Messen

tiefer. Biofeedback ist eine schöne Möglichkeit, verschiedene psychosomatische Zusammenhänge anschaulich werden zu lassen.

Biofeedbackgeräte können auch beim Entspannungstraining sinnvoll zur Unterstützung des Lernens verwendet werden. Sie sollten jedoch nicht die Schulung der eigenen Körperwahrnehmung ersetzen. Wenn man sich nur mit einem technischen Hilfsmittel entspannen kann, ist das Bestmögliche noch nicht erreicht. Ziel bleibt nämlich auf jeden Fall die Steigerung der eigenen Fähigkeiten.

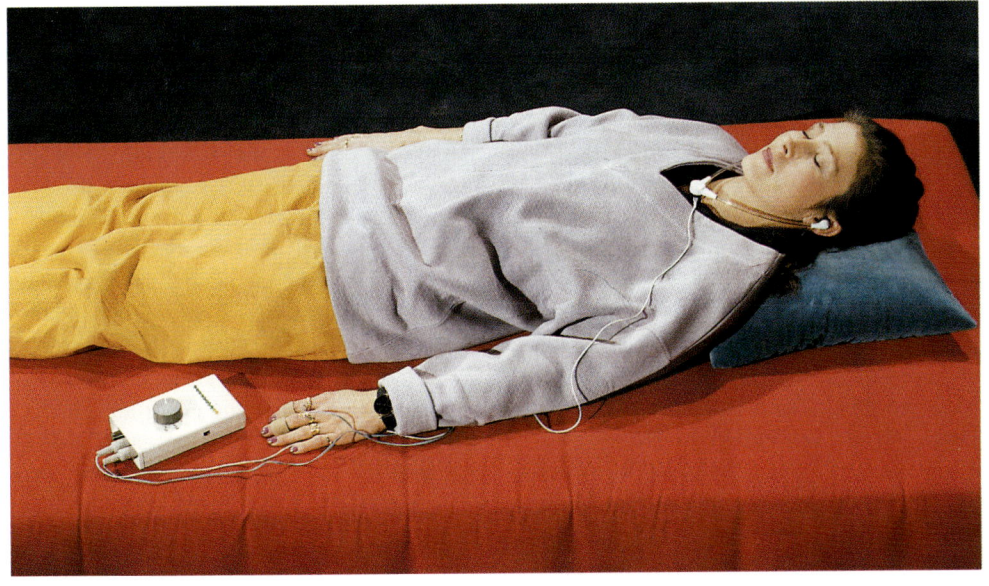

Der Umweg über Vorstellungen

Das zweite Grundprinzip der willentlichen Beeinflussung des autonomen Nervensystems ist jedem aus tausendfacher Erfahrung bekannt. Die bewundernswerte Leistung von J.H. Schultz besteht darin, diese selbstverständliche Erfahrung für die angestrebte vegetative Umschaltung zum Erholungszustand nutzbar gemacht zu haben. Den Speicheldrüsen den Befehl zu geben, mehr Speichel abzusondern, ist ungewöhnlich und bleibt erst einmal erfolglos, denn die Speicheldrüsen werden vom autonomen Nervensystem gesteuert. Schauen wir uns jedoch das Bild einer saftigen, sauren Zitrone an und stellen uns darüber hinaus vielleicht noch vor, in diese Zitrone hineinzubeißen, so erfolgt der Speichelfluß sehr rasch.

Die vegetativ gesteuerten innerkörperlichen Geschehnisse können über mehrfach gemachte Erfahrungen an bestimmte Bilder, Geräusche, Gerüche, Geschmacks-, Berührungs- und Tasterlebnisse gekoppelt werden. Wenn eine solche Koppelung hergestellt ist, löst schon die Vorstellung der Empfindungen und Erlebnisse die zugehörige körperliche Veränderung aus. Ja, sogar Vorstellungen und Gedanken selbst können, ohne Bezug auf eine erlebte Empfindung oder ein Erlebnis, zum Anker für eine solche Verbindung (Assoziation) werden. Dabei kommt es, wenn die ausgelösten körperlichen Veränderungen bewußt wahrgenommen werden, zu dem schon bei der ersten Beschreibung des psychosomatischen Zusammenhangs erwähnten, sich selbst verstärkenden Kreislauf (positive Rückkopplung): Die Vorstellung verursacht eine bestimmte assoziierte Körperreaktion, die Körperreaktion erleichtert und vertieft die Vorstellung, die lebhaftere Vorstellung verstärkt die Körperreaktion usw. Wir alle kennen diesen Zusammenhang zum Beispiel vom Erröten.

Ein schönes Beispiel für die Auswirkung der Verbindung von Wahrnehmungen und autonomen Körperreaktionen kann man auf dem Jahrmarkt, der Kirmes, dem Rummelplatz finden. Mitunter gibt es dort ein Rundumkino, in dem die Leinwand die Form einer Halbkugel hat. Dadurch ergibt sich der Eindruck eines Raumes, in dem sich der Beobachter befindet. Vergleichbar dem Stereohören entsteht eine täuschend echte bildliche Simulation der Wirklichkeit. Wird nun als Film zum Beispiel eine Achterbahnfahrt aus der Sicht einer mitfahrenden Person gezeigt, treten bei den Zuschauenden alle körperlichen Begleiterscheinungen einer tatsächlichen Fahrt auf: Das bekannte Kribbeln im Magen, das das plötzliche Abwärtsfahrten begleitet, stellt sich zu den entsprechenden Bildern ein. Hält die Gondel plötzlich an, wirft die unwillkürliche Ausgleichsbewegung die Beobachtenden scharenweise aus dem Gleichgewicht. Es ist beeindruckend, wie ganzheitlich und vielgestaltig assoziative Verbindungen sein können. Zu welchen psychosomatischen Reaktionen zum Beispiel die bloße Vorstellung einer bevorstehenden Prüfung führen kann, haben die meisten schon mehr oder weniger ausgeprägt am eigenen Leibe erfahren.

Einer der Pioniere der praktischen Umsetzung des Prinzips der Beeinflussung über

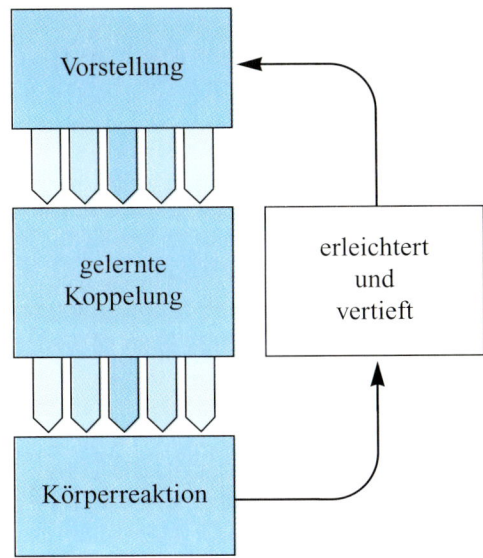

Vorstellung

gelernte Koppelung

erleichtert und vertieft

Körperreaktion

die Vorstellung ist der französische Apotheker Emil Coué. In seinem 1922 erschienen Buch zur „Selbstbemeisterung durch bewußte Autosuggestion" führt er das folgende, überzeugende Gedankenexperiment als Beleg für die Wirkung von Vorstellungen auf den Körper an:

Stellen wir uns einmal vor, wir legen ein 10 Meter langes und 25 Zentimeter breites Brett auf den Boden. Selbstverständlich wird jeder Mensch von einem Ende zum andern gehen können, ohne danebenzutreten. Nun denken Sie sich aber den gleichen Versuch unter anderen Bedingungen: dasselbe Brett verbinde als Steg die zwei Türme eines Domes. Wer wird noch imstande sein, auf einem solchen Weg auch nur einen Meter zurückzulegen?

Der Unterschied zwischen beiden Aufgaben liegt ausschließlich in der Vorstellung. Allein die Vorstellung der drohenden Gefahr eines Absturzes macht im zweiten Fall unmöglich, was zuerst mit großer Leichtigkeit geleistet wird.

Nach diesem Gedankenexperiment und vor der Darstellung der praktischen Voraussetzungen und Übungen des autogenen Trainings sollen nun noch zwei weitere Versuche angeregt werden, deren Durchführung

das Gesagte zusätzlich auch auf der Ebene der unmittelbaren Erfahrung zugänglich macht. Beide Experimente wurden bereits von J. H. Schultz als Vorübungen zum autogenen Training vorgeschlagen.

Versuch 2

Der erste der folgenden zwei Versuche braucht ein wenig Vorbereitung: Nehmen Sie sich drei Schutzkästen, die zur Verpackung von Tonkassetten verwandt werden. Legen Sie Papier oder Pappe in das zumeist durchsichtige Oberteil, so daß man nicht mehr hineinsehen kann. Die drei Kästen sollten dem Aussehen nach gleich sein. In einen der Kästen legen Sie nun ein größeres Gewicht. Sehr geeignet sind etwa Bleibänder, wie sie zum Beschweren von Gardinensäumen dienen. Kleben Sie die Kästen zu. Sie haben jetzt drei gleiche Kästen, von denen einer deutlich schwerer ist. Legen Sie die Kästen so aufeinander, daß sich der schwere Kasten oben befindet. Heben Sie nun zunächst die drei Kästen gleichzeitig mit einer Hand von oben an und prüfen Sie das Gewicht. Setzen Sie die Kästen wieder ab, und heben Sie dann nur den obersten an.

Die entstehende Wahrnehmung ist verblüffend und völlig unlogisch. Der oberste Kasten erscheint schwerer als alle drei zusammen. Schwerer als die anderen ist er ja tatsächlich, aber schwerer als alle zusammen kann er nicht sein. Wiederholen Sie den Versuch beliebig oft; die Täuschung bleibt. Lassen Sie den Versuch von Personen durchführen, die nicht wissen, daß der oberste Kasten mit Blei gefüllt ist. Die Täuschung wird noch eindrücklicher empfunden werden.

Die Erklärung ist im Grunde einfach. Sie stellt aber einen schönen Beleg für den psychosomatischen Zusammenhang dar: Alle Kästen sehen gleich aus, und man hat nach dem ersten Anheben aller die unbewußte Erwartung, daß ein Kasten nur ein Drittel

Für den Pendelversuch benötigt man einen kleinen, nicht zu leichten Gegenstand, wie zum Beispiel einen Fingerring oder einen Kristallglastropfen, an dem ein 20 bis 30 Zentimeter langer Zwirnsfaden befestigt wird. Setzen Sie sich an einen Tisch, und stützen Sie den Ellenbogen Ihres Arbeitsarmes (bei Rechtshändern der rechte, bei Linkshändern der linke) auf die Tischplatte. Nehmen Sie das Pendel so am oberen Ende des Fadens zwischen Zeigefinger und Daumen, daß der Gegenstand am anderen Ende frei, aber knapp über dem Tisch hängt. Bringen Sie das Pendel zu Beginn durch leichtes Aufsetzen auf der Tischplatte zur Ruhe. Wenn das Pendel wieder frei und ruhig hängt, schauen Sie auf den Gegenstand am Ende des Fadens und stellen Sie sich zum Beispiel vor, daß das Pendel wie bei einer alten Standuhr hin und her schwingt. Versuchen Sie Ihre Aufmerksamkeit ganz auf die Vorstellung zu konzentrieren – hin und her, hin und her, wie das Pendel einer Uhr. Bewegen Sie das Pendel nicht absichtlich, schauen Sie einfach zu. Und wenn das Pendel begonnen hat, klar und deutlich hin und her zu schwingen, wechseln Sie die Bewegungsvorstellung zu einem Krei-

des Gesamtgewichts wiegt. Diese Erwartung oder Vorstellung wird ganz ohne unser Zutun in eine entsprechende Vorspannung der Armmuskeln umgesetzt. Hebt man nun den obersten Kasten an, der ja tatsächlich fast das ganze Gewicht ausmacht, entspricht die eingestellte Vorspannung nicht dem notwendigen Kraftaufwand. Da die Erwartungshaltung und die Vorspannung nicht bewußt entstehen, bleibt die Täuschung selbst dann noch erhalten, wenn man das eigentliche Gewicht des obersten Kastens kennt. Gedanken sind nicht nur Gedanken, sondern körperliche Wirklichkeiten.

sen. Stellen Sie sich vor, daß die Bewegung des Pendels langsam in eine Kreisbahn übergeht – kreisrund, wie der Zeiger einer Uhr oder wie das Drehen eines Plattentellers, kreisrund, rundherum. Unterstützen Sie Ihre Vorstellung, wenn Sie mögen, durch innerlich mitgesprochene Worte oder durch Bildphantasien. Sie werden feststellen, daß das Pendel sich scheinbar völlig ohne Ihr Zutun – wie von selbst – der jeweiligen Vorstellung gemäß bewegt. Je besser es Ihnen gelingt, sich eine Bewegungsvorstellung zu vergegenwärtigen, desto eindeutiger verhält sich das Pendel.

Auch hier entspricht die Erklärung dem erläuterten Grundmuster des psychosomatischen Zusammenhangs: Die ständig vorhandenen kleinen Zitterbewegungen der Hand werden über die Bewegungsvorstellung unmerklich zu Impulsen umgeformt, die den Gegenstand in eine eindeutige Bewegung versetzen. Der Faden wirkt dabei als mechanische Verstärkung. Wieder kommt das Prinzip der positiven Rückkoppelung zum Tragen. Die Bewegungsvorstellung ruft eine Bewegung hervor. Wenn das Pendel sich bewegt, wird die Vorstellung unterstützt. Die klarere Vorstellung setzt sich in eine deutlichere Bewegung um usw. In gewissem Sinne ist der Einsatz eines Pendels zum Beispiel als persönliche Entscheidungshilfe, auf der Grundlage dieser Erklärung durchaus nicht unsinnig. Im Bereich der Esoterik wird das Pendel ja gelegentlich als Ratgeber angepriesen. Wird eine bestimmte Bewegungsrichtung oder Bewegungsform des Pendels als „ja" und eine andere als „nein" bestimmt, kann man natürlich Fragen an das Pendel stellen. Allerdings kommen die Antworten nicht vom Pendel oder entstammen einer „übersinnlichen" Quelle, sondern es sind Antworten, die der unbewußten Vorstellung des Pendelnden entspringen. Das Geschehen ist damit zwar weniger mystisch, aber ebenso faszinierend.

Im autogenen Training wird der psychosomatische Zusammenhang und der Vorgang der positiven Rückkoppelung auf effektive Art eingesetzt, um die Umschaltung vom Leistungs- zum Erholungszustand sicher, schnell und willentlich zu gewährleisten. Professor J.H. Schultz hatte die beeindruckend einfache Idee einer Wirkungsumkehr: Er beobachtete, daß Menschen im Erholungszustand stets vergleichbare Empfindungen haben – sie fühlen sich schwer und warm, Herz und Atmung beruhigen sich, der Magen-Darm-Bereich macht sich wohlig bemerkbar, und die Stirn ist angenehm kühl. Bestimmte Empfindungen sind sogar fest an den Erholungszustand gekoppelt. Damit eröffnet sich die Möglichkeit, Entspannung über den Umweg der Vorstellung dieser Empfindungen auszulösen und die scheinbare Autonomie des vegetativen Nervensystems aufzuheben. Die Vorstellung der Empfindung von Schwere führt direkt zu der körperlichen Veränderung, die der Auslöser der Schwereempfindung ist. Stellt man sich vor, Wärme zu empfinden, führt dies direkt zu der körperlichen Veränderung, die die Wärmeempfindung auslöst. Wenn diese körperlichen Veränderungen wiederum wahrgenommen werden, entsteht der sich selbst verstärkende Kreislauf zwischen Vorstellung und Körperreaktion.

Die Rahmenbedingungen

Die Grundprinzipien des autogenen Trainings, die Verbesserung der Körperwahrnehmung und der Umweg über die Vorstellung, lassen sich leicht nachvollziehen. Ziel der Methode ist es, sich zuverlässig und in jeder Situation entspannen zu können. Die Entwicklung dieser erstrebenswerten Fähigkeit kann allerdings nur durch regelmäßiges Üben erreicht werden. Der sich Schritt für Schritt entfaltende Lernweg des autogenen Trainings führt dabei auf jeder Stufe zu angenehmen und interessanten

Erlebnissen und Erfahrungen. Die jeweils erreichten Zwischenergebnisse unterstützen das Lernen und erhöhen die Bereitschaft zum täglichen Üben. Den Lernweg des autogenen Trainings sind deshalb schon sehr viele Menschen mit großem persönlichen Nutzen gegangen.

Die Körperhaltungen

Eine Bedingung für weitreichende Entspannung ist die Einnahme einer geeigneten Körperhaltung. Der Erholungszustand wird von ganz allein im Schlaf erreicht. Die Haltung, für die daher jeder von uns bereits sehr viele Erfahrungsbrücken zur Entspannung besitzt, ist das Liegen. Für den Anfang des Lernens kann deshalb die **liegende Haltung** den Einstieg ins Lernen erleichtern. Allerdings ist ja die bewußte Wahrnehmung der in der Entspannung stattfindenden körperlichen Veränderungen eine Voraussetzung für das autogene Training. Führt die liegende Haltung dazu, daß Sie bei der Entspannungsübung häufiger ungewollt einschlafen, sollten Sie eine der auf den Seiten 39 und 40 dargestellten sitzenden Haltungen dem Liegen auf dem Rücken vorziehen.

Doch auch die liegende Haltung zur Entspannung weicht von den meisten Einschlafhaltungen ab. Viele Menschen liegen nämlich beim Einschlafen leicht zusammengerollt auf der Seite. Für das autogene Training legen Sie sich mit dem Rücken flach auf eine Decke oder eine Matte – das Bett sollten Sie nur abends benutzen, wenn die Entspannungsübung vor dem Einschlafen stattfindet. Körper und Kopf bilden eine gerade Linie. Die Arme liegen leicht angewinkelt mit den Handflächen nach unten oder oben neben dem Körper. Die Beine sind leicht gespreizt, und die Fußspitzen kippen ganz von allein ein wenig nach außen. Vielleicht legen Sie sich noch ein Kissen oder eine Schaumstoffrolle unter den Kopf. Ist es Ihnen im Bereich der Arme oder der Brust unbequem, legen Sie sich

Kissen unter die Schultern oder die Ellenbogen. Spannungsgefühle in den Beinen und im Beckenbereich werden durch ein Kissen oder eine Schaumstoffrolle unter den Knien aufgelöst. Wichtigstes Merkmal für die richtige Haltung ist, daß Sie sich wohl fühlen.

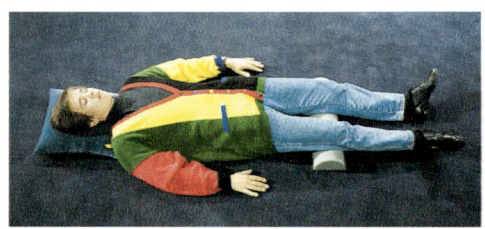

Die verschiedenen sitzenden Haltungen unterscheiden sich durch die Voraussetzungen, die sie benötigen. Die ungewohnteste, aber auch die am vielseitigsten einsetzbare Form des Sitzens ist die **Droschkenkutscherhaltung**, die Sie auf Seite 39 oben abgebildet sehen. Eine Bank oder ein Stuhl ohne Lehne reichen aus. Zur Droschkenkutscherhaltung setzen Sie sich frei hin. Lehnen Sie sich nicht an. Die Füße stehen flach und sicher auf dem Boden. Die Beine sind in den Knien annähernd rechtwinkelig gebeugt. Die Höhe der Bank oder des Stuhles sollte Ihrer Körpergröße angemessen sein. Die Unterarme ruhen auf den Oberschenkeln. Die Hände hängen frei zwischen den Beinen und berühren sich nicht. Machen Sie zu Beginn Ihren Rücken gerade. Strecken Sie den Kopf in die Höhe, so als ob Sie gemessen würden und größer erscheinen möchten. Die Wirbelsäule wird dabei gedehnt und etwas nach oben gezogen. Lassen Sie sich nun beim Ausatmen nach vorn zusammensinken. Nach einigen Versuchen finden Sie dabei die Haltung, in der Sie entspannt sitzen können. Ihr Körper wird vom Knochengerüst getragen. Balancieren Sie nun noch Ihren Kopf aus, er soll von allein auf der Wirbelsäule ruhen. Die weiteren Sitzhaltungen folgen dem gleichen Muster; nur wird die tragende

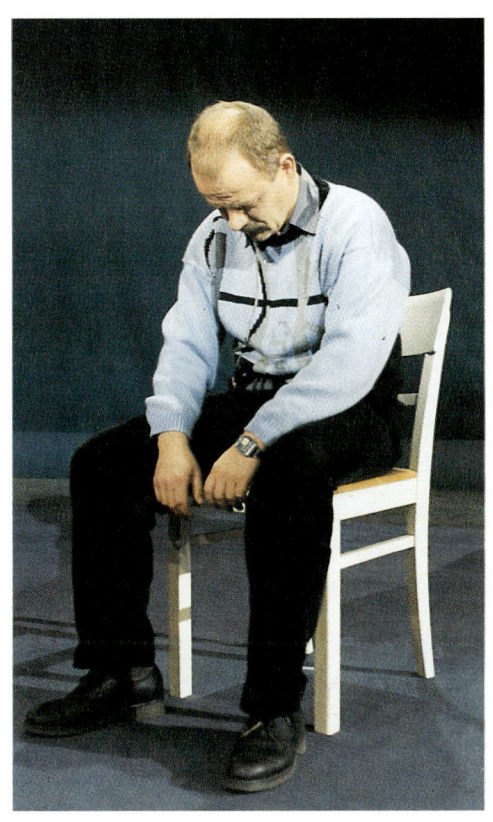

Funktion des Knochengerüstes je nach den Gegebenheiten mehr und mehr vom jeweiligen Sitzmöbel übernommen. Der Rücken wird aufgefangen, der Kopf gestützt, die Arme oder Ellenbogen ruhen auf Armlehnen, vielleicht werden sogar die Beine getragen. Unterschiedliche Bequemlichkeitsangebote vom Küchenstuhl über den Sessel und Fernsehsessel bis hin zum eigens gestalteten Entspannungsmöbel sind denkbar. Natürlich ist es aber ebenso möglich, ohne jedes Möbel oder einen Sitz auf dem Boden kniend zu entspannen. Doch ganz gleich, welche Sitzhaltung Sie bevorzugen, auch hier ist wieder das eigene **Wohlgefühl** der oberste **Maßstab der Güte** der Entspannungshaltung.

Während des Erlernens des autogenen Trainings sollten nach einer Anfangsphase zunehmend verschiedene Haltungen eingesetzt werden. Die Fähigkeit zur willentlichen Entspannung des Körpers soll ja im Alltag möglichst vielseitig und unabhängig von bestimmten Voraussetzungen verfügbar sein.

Die Umgebung

Auch wenn das Ziel eine möglichst große Unabhängigkeit von Umgebungsbedingungen ist, sollten Sie die Gegebenheiten zu Beginn des Lernens sehr sorgfältig gestalten. Auch die ersten Surfstunden finden gewöhnlich nicht in der Brandung des Pazifik statt, und der Skianfänger sucht sich keinen Steilhang. Sorgen Sie dafür, daß Sie beim Üben ungestört bleiben. Schließen Sie die Tür. Stellen Sie das Telefon ab. Unterrichten Sie Familienmitglieder, Mitbewohner usw. von Ihren Übungen. Nehmen Sie sich ausreichend Zeit.

Da es das Ziel ist, eine feste Koppelung zu einem Körperzustand zu schaffen, behalten Sie die Umgebung am Anfang möglichst unverändert bei. Wählen Sie, soweit es geht, möglichst immer auch die gleichen Zeitpunkte im Tagesablauf: Üben Sie nach dem Aufstehen, in der Mittagspause, nach der Heimfahrt, vor dem Zubettgehen oder vor dem Einschlafen. Vielleicht richten Sie sich sogar eine besondere Entspannungsecke ein. Suchen Sie sich eine bestimmte Decke und ein bestimmtes Kissen oder einen besonderen Sessel aus: Gegenstände, denen wir eine besondere Bedeutung geben, können zum Symbol werden und die Erinnerung unterstützen. Vielleicht stellen Sie dann nach einiger Zeit des Übens fest, daß bereits das Aufsuchen Ihrer Entspannungsecke oder das Einnehmen Ihrer Entspannungshaltung die Umschaltung zum Erholungszustand einleitet. Schon ein Blick auf Ihre Entspannungsecke oder der von Ihnen gewählte Punkt im Tagesablauf fordern Sie zum Üben auf.

Die Lernschritte

Die im autogenen Training wirksamen Grundprinzipien sind eine gute Körperwahrnehmung und Vorstellungskraft. Um die gewünschte willentliche Umschaltung in den Erholungszustand zu einer zuverlässigen Fähigkeit zu machen, durchlaufen Sie sorgfältig aufeinander abgestimmte Lernschritte. Zu Beginn wird die Aufmerksamkeit auf einen einzelnen Körperteil, auf den jeweiligen Arbeitsarm (bei Rechtshändern der rechte, bei Linkshändern der linke) gelenkt. Die von der Vorstellung ausgelösten körperlichen Veränderungen werden erst einmal nur dort geübt und wahrgenommen. Nach und nach, mit wachsender Wahrnehmungsfähigkeit und Sicherheit erweitern Sie die Übungen auf den ganzen Körper.

Zusätzlich besteht die Gesamterfahrung der vegetativen Umschaltung im Lernverlauf aus einer Abfolge von sechs Grundübungen, die Sie langsam zur Gestalt des autogenen Trainings zusammenfügen. Begonnen wird mit der Entspannung der Skelettmuskulatur, da wir deren willentliche Beeinflussung gewohnt sind. Für die Zeitdauer des Lernverlaufes gibt es keine Vorgaben, er kennt nur ein jeweils ganz persönliches Tempo. Gehen Sie mit dem Üben nie weiter als Ihre Freude daran reicht. *Lassen Sie sich von den beobachtbaren Veränderungen faszinieren, und genießen Sie die erreichte Ruhe.* Konzentration und wache Aufmerksamkeit entstehen ganz von allein, denn Lernen mit Faszination ist Begreifen durch Ergriffensein. Wenn wir beispielsweise ein spannendes Buch lesen, nehmen wir den Vorgang des Lesens selbst auch kaum wahr, aber der Inhalt prägt sich lebhaft und fest ein.

Im allgemeinen geht man davon aus, daß Ihnen ein halbes Jahr täglichen Übens gestattet, sich *jederzeit und überall entspannen* zu können (siehe auch Seite 60).

Die Formeln und Bilder

Mit dem autogenen Training eng verbunden ist die Verwendung von Formeln und Bildern. Worte und Bildassoziationen werden benutzt, um die Konzentration auf die für die Übungen ausgewählten Vorstellungen zu lenken, sowie deren Lebhaftigkeit zu erhöhen. Das Bild einer einsamen Palme am weißen Sandstrand, von smaragdgrünem Wasser, blauem Himmel und brauner Haut löst zusammen mit Worten wie Ruhe, ausspannen und genießen Wohlgefühl und Fernweh, angenehme Träume von Urlaub sowie Lebensfreude aus.

In der Werbung werden solche Koppelungen umfangreich genutzt und bewußt hergestellt. Bilder und ihre zu Formeln verdichteten Wortverbindungen sind Schlüssel zur Vorstellung. Wenn Sie sich während des autogenen Trainings bestimmte Empfindungen lebhaft vorstellen wollen, ist es hilfreich, die Aufmerksamkeit und Vorstellungskraft mit Formeln und Bildern zu unterstützen. *Benutzen Sie so die Bilder, die Ihrem Erfahrungshintergrund entsprechen, und die Formeln, die Ihnen am sinnvollsten erscheinen* – alle von uns vorgegebenen sind nur Vorschläge. Wenn Sie allerdings erst einmal bestimmte Bilder und Formeln als Schlüssel zu Ihrer Vorstellung ausgewählt haben, behalten Sie sie auch bei. *Jede Tür braucht ihren eigenen Schlüssel,* und eine Koppelung entsteht nur über Stetigkeit.

Das Zurücknehmen

Am Ende jeder Entspannungsübung steht das bewußte und sorgfältige Zurücknehmen der vegetativen Umschaltung. Entspannung dient ja letztlich der Möglichkeit erneuter Anspannung. Nach der Übung sind Körper und Geist erholt, wie nach einem erquickenden Schlaf. Und so, wie man sich nach dem Nachtschlaf reckt, streckt und bereit macht für den Tag, bedarf es auch nach der Entspannung einer gezielten Aktivierung. Nur wenn Sie die Entspannungsübung nutzen, um direkt in den Nachtschlaf überzugehen, können Sie die Zurücknahme weglassen. Die Aktivierung erfolgt dann von allein am nächsten Morgen. Ansonsten gilt, daß, egal wie tief Sie sich entspannt haben, die Übung normalerweise immer in der folgenden Weise und begleitet von folgenden Formeln beendet wird:

Tief atmen.
Atmen Sie ein paarmal tief und kräftig durch, wie beim Heraustreten in die klare Morgenluft.

Arme fest.
Spannen Sie ein paarmal kräftig beide Arme an, recken und strecken Sie sich.

Augen auf.
Öffnen Sie erst am Ende des Zurücknehmens die Augen. Sie sind nun erholt und wach, wie nach einem angenehmen Schlaf.

Die Grundübungen

Lassen Sie sich Zeit für das Erlernen der sechs Grundübungen des autogenen Trainings, die den Ausgangspunkt für eine Vielzahl von sinnvollen weiterführenden Wegen zum Wohlbefinden bilden. Für jede einzelne davon ist mindestens eine Woche vorgesehen. Die eigentliche Lernphase erfordert erfahrungsgemäß ein halbes Jahr stetigen Übens. Aber schon nach wenigen Wochen kann das autogene Training zu den selbstverständlichen Teilen des Alltags gehören. Es wird bereits nach kurzem Üben zu einem gerne aufgesuchten inneren Ruheraum.

Zum Lernen gehört zwangsläufig die Rückmeldung. Informationen über Ihre persönlichen Lernfortschritte können Sie auf verschiedene Art sammeln. Eine Möglichkeit besteht darin, die im Kapitel Materialien angefügten Rückmeldebögen zu benutzen. Vielleicht fragen Sie aber auch zusätzlich eine befreundete Person, der Sie gewissermaßen die Patenschaft für Ihren Lernverlauf übertragen. Mit dieser Person, die vielleicht auch gerade autogenes Training lernt, können Sie regelmäßig Ihre Erfahrungen austauschen. Wenn Sie das autogene Training in einem angeleiteten Kurs erlernen, ist meist ein Austausch und eine Rückmeldung der Gruppe und durch den Kursleiter gegeben.

Lernen Sie das autogene Training eigenständig, sollten Sie die folgende Beschreibung der sechs Grundübungen wie einen angeleiteten Kurs verwenden. Lesen Sie pro Woche nur einen Abschnitt, und führen Sie die jeweils angeregte Übung – am besten mehrmals – täglich durch. Beispiele zur Übungsdurchführung sowie die Sichtweisen und Erfahrungen anderer Kursteilnehmer für die nicht organbezogenen Grundübungen bieten Ihnen die begleitend zu diesem Buch erschienen Videokassetten. Auch als Autodidakt können Sie die ersten drei Grundübungen des autogenen Trainings bedenkenlos durchführen. Wenn Sie Herz- oder Kreislaufprobleme, akute Magen-Darm-Beschwerden oder Migräne haben, sollten Sie sich für die weiteren Übungen mit Ihrem Arzt besprechen. Bei schweren psychischen Problemen fragen Sie vor dem Erlernen des autogenen Trainings Ihren Therapeuten. Auch wenn nicht alle Menschen diese Entspannungsmethode anwenden können, die positive, vegetativ harmonisierende Kraft macht das autogene Training beinahe unter jeder Bedingung zu einem wertvollen Weg zum Wohlbefinden. Die nachstehende Darstellung der sechs Grundübungen folgt einem einheitlichen und einfachen Schema:

1. Vorstellung und Körperveränderung
   Jede Übungsdarstellung beginnt mit dem in der Vorstellung zu vergegenwärtigenden Körpergefühl und der zugrundeliegenden körperlichen Veränderung.

2. Alltagserfahrungen und Vorübungen
   Alltagserfahrungen für das Körpergefühl werden aufgeführt und kleine Vorübungen zu seiner Vergegenwärtigung angeregt.

3. Formeln, Bilder und Übungsablauf
   Es folgen Beispiele für Formeln und für unterstützende Bildassoziationen sowie eine Beschreibung des genauen Ablaufs der Übung.

4. Erfolgskriterien und Hinweise
   Die Darstellung schließt mit der Benennung von Erlebniskennzeichen für den Übungserfolg und mit zusätzlichen Hinweisen.

Schwereübung (1. Woche)

 Begonnen wird das autogene Training mit der Vorstellung von Schwere im jeweiligen Arbeitsarm (bei Rechtshändern der rechte, bei Linkshändern der linke). Bereits bei dem Versuch 1 zum psychosomatischen Zusammenhang (siehe Seite 29) wurde auf die Verbindung von Muskelentspannung und Körperschwere hingewiesen. Die Skelettmuskulatur besitzt im Wachzustand ständig eine relativ hohe Grundspannung, die den Körper aufrechthält. Unser Gewicht empfinden wir kaum, wenn wir aktiv sind. Wenn wir allerdings müde werden und unsere Anspannung nachläßt, werden die Glieder schwer. Die Entspannung der Skelettmuskulatur empfinden wir als Schwere des Körpers. Den Grundprinzipien des autogenen Trainings folgend ist also die Vorstellung körperlicher Schwere der Einstieg in die muskuläre Entspannung. Je besser es gelingt, sich die Empfindung von Schwere vorzustellen, desto mehr entspannt sich die Skelettmuskulatur und desto schwerer fühlt sich der Körper tatsächlich an. Muskelentspannung, Schwereempfindung und die Vorstellung von Schwere unterstützen sich gegenseitig und werden eine positive Rückkoppelung. Werden die mit Muskelanspannung einhergehenden elektrischen Potentiale während einer Entspannungsübung gemessen, so läßt sich feststellen, daß die elektrischen Potentiale und mit ihr die Muskelanspannung mit dem eintretenden Schweregefühl tatsächlich stark abnimmt. Zur Erleichterung des Übungseinstiegs können Sie an dieser Stelle auf die Anregungen im Kapitel „Erweiterungen" auf den Seiten 59 bis 67 vorgreifen.

Der Zusammenhang von Entspannung und Körperschwere wird deutlich, wenn man zum Beispiel ein schlafendes Kind anhebt.

Auch nach körperlicher Arbeit oder nach einem Spaziergang, wenn die körperliche Spannkraft sich erschöpft, wird die Schwere spürbar, und wir genießen eine Pause. Folgender einfacher Versuch hilft, sich das vorzustellende Gefühl von Schwere zu vergegenwärtigen:

Halten Sie bei Ihrem nächsten Besuch im Schwimmbad die Arme unter Wasser. Das Eigengewicht der Arme wird durch den Auftrieb aufgehoben. Die Arme fühlen sich nahezu schwerelos an. Wenn Sie nun die Arme aus dem Wasser heben, spüren Sie unmittelbar den Übergang zur Schwereempfindung. Heben Sie die Arme ein paarmal aus dem Wasser und prägen Sie sich die dabei auftretende Empfindung ein.

Bei dem für die Schwereübung gewählten Symbol stand das Bild einer schwer in den Sand fallenden Bocciakugel Pate. Welche Assoziation wollen Sie sich zur Unterstützung der Vorstellung des Schweregefühls wählen? Schreiben Sie in den folgenden Zeilen zum Beispiel eine Bildidee, eine Klangerfahrung oder eine Situation auf, die Sie mit der Schwereempfindung verbinden. Versuchen Sie, die gewählte Assoziation möglichst auf ein leicht zu erinnerndes Symbol zu verdichten. Manche Menschen stellen sich beispielsweise vor, an einem schönen Sommertag am Strand zu liegen. Der Körper ist vom eigenen Gewicht in den weichen Sand eingesunken. Eine symbolisch verdichtete Vorstellung könnte hier das Gefühl von Sand auf der Haut sein.

Schwere

Die erste Übung, die Sie nun durchführen können, benutzt Formelvorschläge, die Sie sich zur Unterstützung der Vorstellung in Gedanken während der Übung vorsprechen. Nehmen Sie Ihr Bild oder Ihr Symbol für Schwere zu Hilfe. Diese erste Übung soll nicht länger als etwa 5 Minuten dauern.

Einleitung

Nehmen Sie eine der vorgeschlagenen Entspannungshaltungen ein. Verändern Sie Ihre Körperpartien so lange, bis Sie sich wohl fühlen. Machen Sie es sich, auch bezogen auf Ihre Kleidung, so bequem wie möglich. Sorgen Sie für eine ruhige und ungestörte Umgebung. Üben Sie so lange, wie es Ihnen gefällt, jedoch nicht länger als etwa 5 Minuten. Schließen Sie die Augen.

Ruhetönung

Sprechen Sie sich in Gedanken die folgende Formel vor:
Ich bin ruhig, ganz ruhig und entspannt.
Versuchen Sie alles hinter sich zu lassen. Nehmen Sie Abstand. Lösen Sie sich.

Schwere

Richten Sie Ihre Aufmerksamkeit auf Ihren rechten oder linken Arm. Nehmen Sie einfach Ihren Arm wahr. Sagen Sie sich die folgende Formel langsam und mehrfach (etwa 10mal) in Gedanken vor, und stellen Sie sich das Gefühl von Schwere vor:
Der rechte (linke) **Arm ist schwer, angenehm schwer.**
Nehmen Sie ganz bewußt das Gewicht und die Schwere Ihres Armes wahr; genießen Sie diese Schwere eine Weile, bevor Sie die Übung beenden.

Zurücknahme

Nehmen Sie den Entspannungszustand zurück, indem Sie den folgenden Formeln entsprechend handeln:
Arme fest,
tief atmen,
Augen auf.

Erinnerung

Rufen Sie sich nach der Übung die gemachten Erfahrungen in Erinnerung. Nach welcher Zeit ist es Ihnen gelungen, Ihre Aufmerksamkeit ganz auf den Arm zu lenken? Wo haben Sie die Schwere zuerst oder besonders deutlich empfunden? Wie leicht ist es Ihnen bereits gefallen, etwas zur Ruhe zu kommen?

Sie sollten diese einfache kleine Übung in der ersten Woche *zweimal täglich* an gleichbleibenden Punkten im Tagesablauf durchführen. Bleiben Sie bei einer ungefähren *Übungszeit von 5 Minuten.* Es kommt nicht darauf an, daß Sie sich besonders tief entspannen. Beobachten und genießen Sie vielmehr. Machen Sie sich mit dem Übungsablauf vertraut. Versuchen Sie nach einigen Tagen einmal, den Arm während des Übens anzuheben. Wenn Sie den Eindruck haben, ihn lieber nicht bewegen zu wollen, und wenn der Arm ein wenig an der Unterlage zu haften scheint, ist Ihnen die Entspannungsübung schon sehr gut gelungen.

Wie häufig, denken Sie, werden Sie in Ihrer ersten Trainingswoche Zeit zum Üben finden? Beginnen Sie mit Ihrer Prognose für den nächsten Wochentag, (wenn Ihre erste Erfahrung mit dem autogenen Training beispielsweise an einem Dienstag stattfand, also mit dem Mittwoch) und bestimmen Sie den Wochentag, an dem Sie die folgende Übung hinzunehmen wollen. Stellen Sie sich den Ablauf Ihrer kommenden Wochentage vor, und geben Sie in der Tabelle auf der nächsten Seite für jeden Tag Ihre Schätzung ab, wie oft Sie Ihre Übung durchführen wollen.

Benutzen Sie den im Kapitel „Materialien" (siehe Seite 99) angefügten „Rückmeldebogen Grundstufenübungen", um täglich Ihren Übungserfolg zu dokumentieren. Neben der Einschätzung des übungsbezogenen Erfolges können Sie beginnen, mit dem „Rückmeldebogen Zufriedenheit" (siehe

Wochentag	Häufigkeit
Montag	
Dienstag	
Mittwoch	
Donnerstag	
Freitag	
Samstag	
Sonntag	
Montag	
Dienstag	
Mittwoch	
Donnerstag	
Freitag	
Samstag	
Sonntag	

Seite 103) ein Kurztagebuch Ihrer momentanen Lebensgrundstimmung zu führen. Die Erläuterung der in diesem zweiten Bogen verwandten Bildsymbole finden Sie im Kapitel „10 Wegweiser" auf Seite 83 bis 94. Die dort beschriebenen Anregungen zum guten Umgang mit sich selbst sind weitgehend unabhängig vom Erlernen des autogenen Trainings und liegen außerhalb des Kursverlaufes. Wenden Sie sich den Anregungen zu, wann immer Sie mögen.

Wärmeübung (2.Woche)

Wie erging es Ihnen in der ersten Woche? Ist es Ihnen schon gelungen, regelmäßig zu üben? Jede Übung, die Sie durchgeführt haben, stellt einen positiven Schritt zum Erlernen des autogenen Trainings dar. Haben Sie bereits einen oder zwei geeignete Zeitpunkte in Ihrem Tagesablauf gefunden, an denen es Ihnen leichtfällt, zu üben? Ist Ihnen das Gefühl der Schwere schon geläufig? Mit dem Übergang in den Erholungszustand und mit der sich ausbreitenden Entspannung der Skelettmuskulatur weiten

sich auch die Blutgefäße der Haut. Die verstärkte Hautdurchblutung ist als Wärmegefühl spürbar. Die nächste Übung im autogenen Training ist dementsprechend die Vorstellung dieses Wärmegefühls. Wird die Hauttemperatur während einer Entspannungsübung gemessen, so stellt man einen deutlichen Anstieg fest.

Der Zusammenhang zwischen verstärkter Durchblutung und Wärmeempfindung ist uns aus vielen Alltagserfahrungen geläufig. Kommt man etwa nach einem Spaziergang in klarer, kalter Winterluft in einen geschlossenen Raum, weiten sich die Blutgefäße ebenfalls, und auch die Wirkung ist vergleichbar.

Um sich das vorzustellende Wärmegefühl in der Haut unmittelbar zu vergegenwärtigen, sind verschiedene kleine Versuche denkbar:

Eine einfache Möglichkeit, die die Aufmerksamkeit gleich in die Hände und Arme lenkt, besteht darin, die Arme bis zu den Ellenbogen in Wasser zu tauchen, dessen Temperatur über der des Körpers liegt. Die Gefäße weiten sich, und ein auch von innen unterstütztes Wärmegefühl breitet sich aus. Es gilt wiederum, sich dieses Gefühl einzuprägen und es in die Übung mitzunehmen.

Als Übungseinstieg eignet sich auch eine einfache Form der Partnermassage:
Bitten Sie eine Person, Ihnen behilflich zu sein. Beugen Sie sich in den Hüften vor, und lassen Sie den Kopf und die Arme locker hängen. Ihre Übungspartnerin oder Ihr Übungspartner beginnt nun, langsam vom Rücken her Ihren Körper mit den flachen Händen sanft, aber deutlich spürbar zu beklopfen. Besonders intensiv werden die herabhängenden Arme von oben nach unten massiert.

Nehmen Sie nach der Massage Ihre inzwischen bereits gut geübte Entspannungshaltung ein, und führen Sie direkt die Wärmeübung durch.

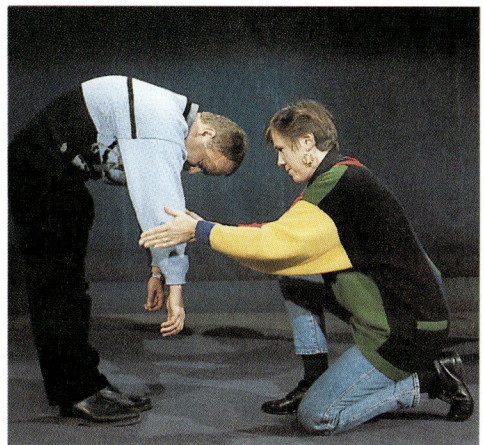

Dem für die Wärmeübung gewählten Symbol liegt die Erfahrung wohlig wärmender Sonnenstrahlen zugrunde. Welche Assoziationen wollen Sie sich zur Unterstützung der Vorstellung des Wärmegefühls wählen? Schreiben Sie wieder in den folgenden Zeilen zum Beispiel eine Bildidee, eine Klangerfahrung oder eine Situation auf, die Sie mit der Wärmeempfindung verbinden. Versuchen Sie die gewählte Assoziation möglichst auf ein leicht zu erinnerndes Symbol zu verdichten. Manche Menschen stellen sich beispielsweise vor, an einem Kaminfeuer zu liegen. Die von der Glut abstrahlende Wärme füllt den Raum und ist auf der Haut spürbar. Eine symbolisch verdichtete Vorstellung könnte hier das Knistern des verbrennenden Holzes sein.

Jeder neue Übungsschritt des autogenen Trainings baut immer auf den vorhergehenden auf. Wenn Sie jetzt die Wärmeübung hinzunehmen, behalten Sie also den ersten Übungsteil, die Schwereempfindung bei. Wahrscheinlich gelingt es Ihnen inzwischen auch, sich die Schwere in beiden Armen vorzustellen und die Schwereempfindung auf beide Arme zu erweitern. Auch für die Wärmeübung werden wieder Formelvorschläge gemacht, die Sie sich in Gedanken vorsprechen, und die Sie mit Ihren Bildern und Symbolen unterstützen. Legen Sie die Formeln in die Ausatmung. Die ganze Übung wird nun schon etwas länger.

Einleitung
Nehmen Sie eine bequeme Entspannungshaltung ein, und sorgen Sie für geeignete Bedingungen. Schließen Sie die Augen.

Ruhetönung
Sprechen Sie sich in Gedanken die folgende Formel vor, und werden Sie ganz ruhig dabei:
Ich bin ruhig, ganz ruhig und entspannt.

Wärme

Schwere

Richten Sie Ihre Aufmerksamkeit zuerst auf Ihre Arme. Sprechen Sie sich in Gedanken etwa 5mal die folgende Formel vor, und nehmen Sie wahr, wie Ihre Arme langsam schwer werden:
Beide Arme sind schwer, angenehm schwer.

Ruhetönung

Wenn Sie die Schwere in Ihren Armen spüren, versuchen Sie weiter, alles hinter sich zu lassen. Nehmen Sie Abstand, und lösen Sie sich. Sprechen Sie in Gedanken:
Ich bin ruhig, ganz ruhig und entspannt.

Wärme

Richten Sie Ihre Aufmerksamkeit auf Ihren rechten oder linken Arm. Nehmen Sie nur den Arm wahr. Sagen Sie sich die folgende Formel langsam und etwa 5mal in Gedanken vor, und stellen Sie sich das Gefühl der Wärme vor.
Der rechte (linke) **Arm ist warm, wohlig warm.**
Nehmen Sie die Wärme in Ihrem Arm ganz bewußt wahr.

Zurücknahme

Nehmen Sie den Entspannungszustand zurück, indem Sie wie gewohnt den folgenden Formeln entsprechend handeln:
Arme fest,
tief atmen,
Augen auf.

Erinnerung

Rufen Sie sich nach der Übung die gemachten Erfahrungen in Erinnerung. Haben Sie die Schwere schon in beiden Armen empfunden? Fiel es Ihnen leicht, Ihre Aufmerksamkeit zu lenken? Treten die Umgebungsgeräusche bereits in den Hintergrund, und beginnen sich Ihre Gedanken zunehmend zu beruhigen? Konnten Sie sich Wärme vorstellen? Wo war die Wärme eher zu spüren, im Arm oder in der Hand?

Führen Sie die erweiterte Übung wieder *zweimal täglich* an den von Ihnen bestimmten Punkten im Tagesablauf durch. Die Übungszeit ist nun etwas länger. Während der Wärmeübung nehmen Sie vielleicht ein leichtes Kribbeln in Hand und Arm wahr. Dieses Kribbeln geht mit der verstärkten Durchblutung und dem Wärmegefühl einher. Achten Sie beim Zurücknehmen einmal auf Ihre Hand. Wenn Sie die Hand zur Faust ballen, fühlt sie sich leicht geschwollen an. Wenn Sie einen Ring tragen, sitzt er jetzt fester. Die erhöhte Blutmenge in der Haut macht sich auf diese Weise bemerkbar.

Wie häufig, denken Sie, werden Sie in der zweiten Woche Zeit zum Üben finden? Beginnen Sie wieder mit Ihrer Voraussage für den folgenden Wochentag, und bestimmen Sie den Tag, an dem Sie die nächste Übung hinzunehmen wollen. Stellen Sie sich den Ablauf Ihrer kommenden Wochentage vor, und geben Sie Tag für Tag Ihre Schätzung ab, wie oft Sie die Übung durchführen werden.

Wochentag	Häufigkeit
Montag	
Dienstag	
Mittwoch	
Donnerstag	
Freitag	
Samstag	
Sonntag	
Montag	
Dienstag	
Mittwoch	
Donnerstag	
Freitag	
Samstag	
Sonntag	

Benutzen Sie die im Kapitel „Materialien" angefügten Rückmeldebögen. Tauschen Sie Erfahrungen mit anderen Personen aus.

Atemübung (3. Woche)

Welchen Übungsfortschritt hat Ihnen die zweite Woche gebracht? Unter welchen Bedingungen gelingt es Ihnen besonders gut, sich zu entspannen? Ist es bereits vorgekommen, daß Ihnen das bloße Einnehmen Ihrer Entspannungshaltung Ruhe bringt? Fallen Ihnen jetzt schon spontan die von Ihnen verwandten Formeln und Symbolvorstellungen ein, wenn Sie an das autogene Training denken?

In der dritten Übungswoche ändert sich die Form der Übung. Die gezielte Veränderung von Körpervorgängen tritt in den Hintergrund. Die nächste Übung unterstreicht dagegen jedoch den Anteil der Schulung der gezielten Körperwahrnehmung im autogenen Training.

In der Entspannung nimmt die Tiefe der Atmung ab, sie wird ruhiger und äußert sich nur noch durch ein gleichmäßiges Heben und Senken der Bauchdecke. Bei der Atmung kann man unterscheiden zwischen einer willkürlichen, absichtlichen und einer unwillkürlichen, autonom ablaufenden Atmung. Wir können unseren Atemrhythmus bewußt jederzeit verändern. Dies wird zum Beispiel gezielt trainiert, wenn man ein Blasinstrument erlernt. Auch viele Formen meditativer Körperübung oder einige körpertherapeutische Verfahren bauen bewußte Atemübungen ein. Im autogenen Training geht es dagegen einfach um die reine Wahrnehmung und Beobachtung des unwillkürlichen selbsttätigen Atemrhythmus.

Wenn wir schlafen oder unsere Aufmerksamkeit nicht auf den Körper richten, wird die Atmung vom vegetativen Nervensystem jeweils automatisch dem Sauerstoffbedarf des Körpers angepaßt. Hier gilt wieder die Feststellung, daß das vegetative Nervensystem unser Bewußtsein entlastet, indem es gewissermaßen die Verantwortung für einige lebenserhaltende Vorgänge übernimmt. Im autogenen Training wird nun die Aufmerksamkeit auf die Atmung gelenkt und zugeschaut, wie die Luft beim Atmen ganz von allein in den Körper hereinstreicht und ihn beim Ausatmen wie von selbst wieder verläßt.

Zur Vergegenwärtigung der unwillkürlichen Atmung ist es hilfreich, einfach ab und zu während einer fesselnden Tätigkeit auf die Atmung zu achten. Der Unterschied zur bewußten Atmung wird dabei schnell deutlich.

Bei dem für die Atemübung gewählten Symbol ist an eine Wellenbewegung gedacht. Das gleichmäßige Auf und Ab einer Wasseroberfläche oder das Anbranden und Sichzurückziehen des Meeres am Strand entspricht dem Rhythmus der unwillkürlichen Atmung. Welche Assoziation wollen Sie sich für die Beobachtung des Atemrhythmus wählen? Schreiben Sie dies in die Zeilen auf Seite 50, etwa eine Bildidee, eine Klangerfahrung oder eine Situation, die Sie mit dem Ein und Aus der Atmung verbinden. Versuchen Sie, die gewählte Assoziation möglichst auf ein leicht zu erinnerndes Symbol zu verdichten und dieses dann zu notieren.

Wenn Sie jetzt die Atemübung in Ihr Trainingsprogramm aufnehmen, behalten Sie wieder die ersten beiden Grundübungen von Schwere und Wärme bei. Sie können die Schwerevorstellung, wenn es Ihrem Übungsstand entspricht, nun auch auf die Beine ausdehnen und versuchen, die Wärme in beiden Armen wahrzunehmen. Manchen Menschen fällt es sogar leichter, ihre Aufmerksamkeit auf beide Arme zu richten.

Auch für die Atemübung gibt es Formelvorschläge, die Sie sich in Gedanken vorsprechen und mit Ihrem Bild unterstützen sollten. Die Übungsdauer dehnt sich natürlich durch den neuen Teil weiter aus. Denken Sie jedoch daran, nie länger zu üben, als es Ihnen angenehm ist.

Einleitung

Nehmen Sie eine bequeme Entspannungshaltung ein, und sorgen Sie um sich herum
für geeignete Bedingungen. Schließen Sie
die Augen.

Ruhetönung

Während Sie beginnen, sich auf Ihr Training einzulassen, sprechen Sie sich die folgende Formel in Gedanken vor:
Ich bin ruhig, ganz ruhig und entspannt.

Schwere

Richten Sie zuerst Ihre Aufmerksamkeit
auf Ihre Arme und Beine. Sprechen Sie
sich dabei in Gedanken die folgende Formel etwa 5mal vor:
**Arme und Beine sind schwer, angenehm
schwer.**

Ruhetönung

Wenn Sie die Schwere in Armen und Beinen wahrnehmen, versuchen Sie, alles hinter sich zu lassen. Nehmen Sie Abstand,
und lösen Sie sich. Sprechen Sie sich vor:
Ich bin ruhig, ganz ruhig und entspannt.

Wärme

Richten Sie Ihre Aufmerksamkeit nun auf
Ihre Arme. Stellen Sie sich dort eine woh-
lige Wärme vor, und sprechen Sie sich in
Gedanken etwa 5mal vor:
Beide Arme sind warm, wohlig warm.

Ruhetönung

Ihre Arme und Beine sind nun schwer, und
Ihre Arme durchflutet eine angenehme

Wärme. Um sich noch weiter zu entspannen, sprechen Sie sich wieder in Gedanken vor:
Ich bin ruhig, ganz ruhig und entspannt.

Atmung

Richten Sie nun Ihre Aufmerksamkeit auf
die Atmung. Spüren Sie, wie die Luft beim
Einatmen ganz von allein in Ihren Körper
streicht und ihn beim Ausatmen wie von
selbst verläßt. Beobachten Sie einfach das
gleichmäßige Ein und Aus des Atems, und
sprechen Sie in Gedanken etwa 5mal:
**Ich überlasse mich dem Rhythmus des
Atems.**
Der Atem geht ruhig und gleichmäßig.
Nehmen Sie Wärme und Schwere bewußt
wahr, und geben Sie sich ganz dem gleichmäßigen Rhythmus Ihrer Atmung hin,
bevor Sie die Übung abschließen.

Zurücknahme

Nehmen Sie den Entspannungszustand
zurück, indem Sie sich, wie gewohnt, die
folgenden Formeln in Gedanken vorsprechen und nach ihnen handeln
Arme fest,
tief atmen;
Augen auf.

Erinnerung

Rufen Sie sich nach der Übung, wieder die
gemachten Erfahrungen in Erinnerung. Wie
leicht ist es Ihnen gefallen, dem Atem zu-
zuschauen? Haben Sie einen Zusammenhang zwischen Ausatmen, Wärme und
Schwere empfunden?

Führen Sie die erweiterte Übung wieder *zweimal täglich* an den von Ihnen bestimmten Punkten im Tagesablauf durch. Vielleicht haben Sie während der Übung ganz neue Empfindungen. Es kann sein, daß Sie zum Beispiel das Gefühl haben, leicht im Rhythmus des Atems zu schaukeln. Oder Sie haben den Eindruck eines angenehmen Abstands von sich selbst. Möglicherweise verändert sich sogar der Eindruck körperlicher Schwere in eine Empfindung von Schweben oder Leichtigkeit. Alle diese Erfahrungen sind ein Zeichen dafür, daß Sie sich bereits weitgehend entspannen können. Wenn die Entspannung der Muskulatur sehr tief ist, geben die Sinnesorgane für die Körperlage, die sich in den Muskeln und Sehnen befinden, keine Meldung mehr ans Gehirn. Das Empfinden für die Lage der Gliedmaßen wird aufgehoben und kleine Bewegungstäuschungen oder der Eindruck von Schwerelosigkeit werden möglich. Vielleicht ist Ihnen schon aufgefallen, daß Sie beim Üben mehr Speichel im Mund haben oder daß Ihr Magen anfängt zu knurren. Auch dies belegt, daß die vegetative Umschaltung in den Erholungszustand schon weitgehend vonstatten geht. Speichelfluß und Magenknurren sollten Sie als Beifall ansehen, den der Körper für den Übungserfolg spendet. Das durch den Speichelfluß möglicherweise auftretende verstärkte Schlucken verliert sich wieder, wenn Sie die Entspannung noch vertiefen. Eine ebenfalls harmlose Beobachtung, die Sie vielleicht schon vorher gemacht haben, ist das Auftreten eines unwillkürlichen Muskelzuckens, wie es manchmal auch beim Einschlafen vorkommt. Geräusche und Gedanken treten allgemein während des Übens mehr und mehr in den Hintergrund.

Wenn Sie die Entspannungsübung vor dem Einschlafen durchführen, denken Sie daran, das Zurücknehmen wegzulassen. Gleiten Sie einfach in den Schlaf hinüber. Wie Sie sicher wissen, ist es auch möglich, sich am Abend auf die Uhrzeit einzustellen, an der man am Morgen aufwachen möchte. Dieses Phänomen der „Kopfuhr" ist nach einigem Ausprobieren recht zuverlässig. Da die Dauer Ihrer Entspannungsübungen nun schon etwas länger wird, können Sie die „Kopfuhr" auch dafür einsetzen, den Zeitpunkt des Zurücknehmens zu bestimmen. Stellen Sie sich einfach am Anfang der Übung die Uhrzeit vor, an der Sie die Übung beenden möchten, und führen Sie die Übung dann wie gewohnt durch. Wenn Sie nach der Übung auf die Uhr schauen, lassen Sie sich überraschen, wie genau Sie die Zeit eingehalten haben.

Wie häufig, denken Sie, werden Sie in der dritten Woche Zeit zum Üben finden? Beginnen Sie mit Ihrer Voraussage wieder für den folgenden Wochentag, und bestimmen Sie den Tag, an dem Sie die nächste Übung hinzunehmen wollen. Stellen Sie sich den Ablauf der kommenden Woche vor, und geben Sie für jeden Tag Ihre Schätzung ab, wie häufig Sie üben werden.

Wochentag	Häufigkeit
Montag	
Dienstag	
Mittwoch	
Donnerstag	
Freitag	
Samstag	
Sonntag	
Montag	
Dienstag	
Mittwoch	
Donnerstag	
Freitag	
Samstag	
Sonntag	

Benutzen Sie die im Kapitel „Materialien" angefügten Rückmeldebögen. Tauschen Sie sich über Ihre Erfahrungen mit anderen Personen aus.

Herzübung (4. Woche)

 Mit den drei Grundübungen Schwere, Wärme und Atmung sind Sie in der Lage, die vegetative Umschaltung in den Erholungszustand weitgehend zu erreichen. Das autogene Training wird durch diese Übungen schon zu einem vollwertigen inneren Ruheraum. Haben Sie im Trubel des Alltags schon einmal daran gedacht, diese Ruhe zu suchen? Für die letzten drei Grundübungen des autogenen Trainings gilt die bereits auf Seite 43 erwähnte leichte Einschränkung für Menschen, die ganz allein diese Technik erlernen. Wenn Sie also Herz- oder Kreislaufprobleme, akute Magen-Darm-Beschwerden oder Migräne haben, sollten Sie, bevor Sie mit den folgenden Übungen beginnen, mit Ihrem Arzt sprechen.

In der vierten Übungswoche kommt die Herzübung hinzu, die, wie die Atemübung, auf die bloße Beobachtung eines Körpergeschehens ausgerichtet ist. Vergleichbar der ruhiger werdenden Atmung, nimmt in der Entspannung auch die Aktivität des Herzens ab, der Herzschlag wird nach und nach ruhiger. Seine Anpassung an die Bedingungen der Entspannung findet ganz von allein statt.

Aus Erfahrung wissen wir, daß sich bei körperlicher Anstrengung oder bei Aufregung das Tempo des Herzschlages erhöht, und wir das Herz mitunter „bis in den Hals hinein" spüren. Daß der Rhythmus eines ruhigen Herzschlages etwas mit Entspannung zu tun hat, ist uns aus einem ganz anderen Zusammenhang geläufig: Wenn wir ein Kind in den Schlaf wiegen, ahmen wir zur Beruhigung ganz automatisch den langsamer werdenden Herzrhythmus nach, meist mit unmittelbarem Erfolg.

Zur Vergegenwärtigung des eigenen Herzschlages empfiehlt J.H. Schultz folgenden Versuch:

Nehmen Sie die liegende Entspannungshaltung ein. Lagern Sie Ihren rechten Ellenbogen auf ein Kissen, und legen Sie die rechte Hand über Ihrem Herzen auf die Brust. Sie können so den Herzschlag an der Handfläche spüren.

Gehen Sie nun mit der Gewißheit dieser Empfindung an anderen Körperstellen auf die Suche. Erspüren Sie den Herzschlag überall, wo eine große Schlagader entlangführt, zum Beispiel im Bauchbereich oder am Hals. Richten Sie Ihre Aufmerksamkeit auf die besonders empfindsamen Fingerspitzen, und nehmen Sie dort den Puls wahr.

Auf der Grundlage der Empfindsamkeit der Fingerspitzen ergibt sich noch ein weiterer, sicherer Versuch zur Wahrnehmung des Herzrhythmus: **Legen Sie die Fingerspitzen von Daumen und Zeigefinger einer Hand zusammen. Daumen und Zeigefinger formen ein „o". Erhöhen Sie ganz langsam den Druck der Fingerspitzen aufeinander. Nach einigem Probieren können Sie den Puls deutlich in den Fingerspitzen fühlen.**

Das Herz ist ein Symbol für die Kräfte unseres Gemüts. Wir sprechen von Herzlichkeit, Herzhaftigkeit, Herzenswärme, Herzensbildung, wir übermitteln herzliche Grüße usw. Die Herzenskräfte erhalten unser Leben vielleicht mehr noch als die Kräfte des Willens. Das Herz ist das unablässig versorgende Zentrum des Lebens. Mit der Beobachtung des Herzschlages können wir eintauchen in die Sicherheit einer umfassenden Geborgenheit und Ruhe.

Ergänzen Sie die ersten drei Grundübungen um die Herzübung. Die Schwere spüren Sie in der Zwischenzeit vielleicht schon im ganzen Körper. Die Wärme können Sie möglicherweise bereits in Armen und Beinen wahrnehmen. Sprechen Sie sich die vorgeschlagenen Formeln in Gedanken vor. Die Übungsdauer liegt nun bei etwa 15 Minuten. Denken Sie daran, nie länger zu üben, als Ihnen angenehm ist.

Einleitung
Nehmen Sie eine bequeme Entspannungshaltung ein, und sorgen Sie für geeignete Bedingungen. Schließen Sie die Augen.

Ruhetönung
Während Sie ganz ruhig werden, sprechen Sie sich in Gedanken vor:
Ich bin ruhig, ganz ruhig und entspannt.

Schwere
Richten Sie Ihre Aufmerksamkeit auf Ihren Körper, und sprechen Sie sich die folgende Formel in Gedanken etwa 5mal vor:
Der Körper ist schwer, angenehm schwer.

Ruhetönung
Während Sie die Schwere in Ihrem Körper fühlen, versuchen Sie, sich weiter zu entspannen und zur Ruhe zu kommen. Sprechen Sie sich in Gedanken vor:
Ich bin ruhig, ganz ruhig und entspannt.

Wärme
Richten Sie Ihre Wahrnehmung nun besonders auf Ihre Arme und Beine und spüren Sie, wie sich mit Ihrer Vorstellung eine wohlige Wärme darin ausbreitet. Sprechen Sie in Gedanken etwa 5mal:
Arme und Beine sind warm, wohlig warm.

Ruhetönung
Nachdem sich die Schwere in Ihrem Körper ausgebreitet hat und Sie eine wohlige Wärme in Armen und Beinen erfahren haben, versuchen Sie noch ruhiger zu werden. Sprechen Sie in Gedanken:
Ich bin ruhig, ganz ruhig und entspannt.

Atmung
Richten Sie Ihre Wahrnehmung nun auf Ihre Atmung, und spüren Sie dem gleichmäßigen Ein und Aus der Luft nach. Sprechen Sie sich in Gedanken die folgenden Formeln etwa 5mal vor und unterstützen Sie sie mit Ihrer Vorstellung:
Ich überlasse mich dem Rhythmus des Atems.
Der Atem geht ruhig und gleichmäßig.

Herz
Suchen Sie mit Ihrer Aufmerksamkeit irgendwo in Ihrem Körper den Schlag des Herzens, oder nehmen Sie zum Beispiel in den Fingerspitzen Ihren Puls wahr. Stellen Sie sich vor, wie mit dem Blut die Wärme im ganzen Körper verteilt wird. Sprechen Sie dazu in Gedanken etwa 5mal:
Der Puls ist ruhig und fest.
Geben Sie sich ganz dem Rhythmus Ihres Herzschlags hin, und genießen Sie die Ruhe und Geborgenheit, die von ihm ausgeht, bevor Sie die Übung wie gewohnt beenden.

Zurücknahme
Nehmen Sie den Entspannungszustand, wie gewohnt, mit den folgenden Formeln zurück:
Arme fest,
tief atmen,
Augen auf.

Erinnerung
Rufen Sie sich nach der Übung, wie gewohnt, die gemachten Erfahrungen in Erinnerung. Können Sie Ihren Herzschlag oder den Puls schon an mehreren Stellen wahrnehmen? Ist Ihnen aufgefallen, daß Sie den Herzschlag oder den Puls beim Ausatmen ein wenig deutlicher erleben können?

Führen Sie die erweiterte Übung wieder *zweimal täglich* an den von Ihnen bestimmten Punkten im Tagesablauf durch. Sie werden feststellen, daß es Ihnen zunehmend möglich ist, das Empfinden der Druckwelle des Herzens auf den ganzen Körper auszudehnen. Manche Menschen, insbesondere wenn sie einen niedrigen Blutdruck haben, nehmen Herzschlag oder Puls erst nach einer ganzen Weile wahr. Sollte dies auch auf Sie zutreffen, lassen Sie sich Zeit.

Da Sie nun bereits einige Übung mit dem autogenen Training haben, können Sie anfangen, die bislang eingehaltenen Bedingungen spielerisch zu verändern. Probieren Sie andere Körperhaltungen aus. Richten Sie Ihre Aufmerksamkeit in einer Alltagssituation kurz auf das Schweregefühl in den Armen. Gönnen Sie sich zwei, drei Minuten der Ruhe mitten im Verlauf Ihrer Tätigkeiten. Erinnern Sie sich an die Ziele und Wünsche, die Sie bei der Beantwortung der Standortfragen beschrieben haben.

Wie häufig denken Sie, werden Sie in der vierten Woche Zeit zum Üben finden? Beginnen Sie wieder mit Ihrer Prognose für den auf heute folgenden Wochentag, und bestimmen Sie den Tag, an dem Sie die fol-

Wochentag	Häufigkeit
Montag	
Dienstag	
Mittwoch	
Donnerstag	
Freitag	
Samstag	
Sonntag	
Montag	
Dienstag	
Mittwoch	
Donnerstag	
Freitag	
Samstag	
Sonntag	

gende Übung hinzunehmen wollen. Stellen Sie sich den Ablauf der kommenden Woche vor, und geben Sie Ihre Schätzung ab.

Leibübung (5.Woche)

Zusammen mit der noch folgenden 6. Übung dient die Leibübung der Vertiefung des bisher Erreichten. Durch sie werden die Elemente der vegetativen Umschaltung abgerundet. Wenn der Körper von Leistungsbereitschaft auf Erholung umschaltet, regt dies alle Körperprozesse an, die dem Wiederaufbau verbrauchter Reserven dienen. Die Verdauung ist dabei ein wesentliches Element. Neben dem verstärkten Speichelfluß wird durch das autogene Training besonders der Magen-Darm-Trakt aktiviert. Die Durchblutung in diesem Bereich wird stärker, Verdauungssäfte werden ausgeschüttet, und die autonomen Bewegungen von Magen und Darm nehmen zu. Diese gesteigerte Verdauungstätigkeit spürt man als strömende Wärme in der Tiefe des Leibes und als ein leichtes Bewegungsgefühl. Die Vorstellung dieses strömend bewegten Wärmegefühls ist Gegenstand der fünften Grundübung.

Die vegetative Umschaltung in den Erholungszustand verwirklicht sich nicht zwangsweise in der vorgegebenen Reihenfolge der sechs Grundübungen, sondern entsteht mehr oder weniger als zusammenhängendes, gleichzeitiges Muster. Die Verbindung von Entspannung und Aktivität im Magen-Darm-Bereich ist Ihnen daher möglicherweise schon über das Magenknurren, das die Entspannung begleitet, bekannt; diese Erfahrung erleichtert den Lernerfolg bei der vorliegenden Übung.

Das sich vom Magen her ausbreitende Gefühl von Wärme, das die Einnahme eines heißen Getränkes begleitet, kommt der vorzustellenden Empfindung vielleicht noch am nächsten. Alkohol zum Beispiel löst an den Magenwänden direkt eine Weitung der

Blutgefäße und damit eine erhöhte Durchblutung aus. Auch beim Trinken von Alkohol entsteht ein Wärmegefühl.

Wir reden im Zusammenhang mit der Übung vom wohligen Verdauen und wissen aus der Physiologie (siehe Seite 18): Verdauung und Entspannung gehören zusammen. Während der Entspannung erholt sich der ganze Körper. Reserven werden aufgefüllt. Bei der Verdauung nimmt sich der Körper, was er braucht.

Fügen Sie Ihrem gewohnten Übungsablauf die Leibübung hinzu. Nach der Schwere können Sie dabei auch die Wärmevorstellung auf den ganzen Körper ausdehnen. Sprechen Sie sich die vorgeschlagenen oder von Ihnen geänderten Formeln in Gedanken vor. Die Übungsdauer liegt nun sicher schon bei 15 Minuten oder mehr, doch trainieren Sie stets nur so lange, wie es Ihnen angenehm ist.

Einleitung
Nehmen Sie eine bequeme Entspannungshaltung ein, und sorgen Sie für geeignete Bedingungen. Schließen Sie die Augen.

Ruhetönung
Lassen Sie alle Anspannung los, werden Sie ruhig, und sprechen Sie in Gedanken:
Ich bin ruhig, ganz ruhig und entspannt.

Schwere
Richten Sie Ihre Aufmerksamkeit nach innen, auf Ihren Körper. Sprechen Sie zur Unterstützung Ihrer Vorstellung etwa 5mal in Gedanken:
Der Körper ist schwer, angenehm schwer.

Ruhetönung
Nachdem Sie die Schwere in ihrem Körper haben Raum finden lassen, versuchen Sie sich weiter zu entspannen und wiederholen Sie in Gedanken die Formel:
Ich bin ruhig, ganz ruhig und entspannt.

Wärme
Nehmen Sie bewußt Ihren Körper wahr und die Wärme, die sich nach Ihrer Vorstellung darin ausbreitet. Sprechen Sie sich in Gedanken etwa 5mal vor:
Der Körper ist warm, wohlig warm.

Ruhetönung
Sie haben die angenehme Wärme in Ihrem Körper gespürt und genossen. Vertiefen Sie jetzt die Ruhe, lassen Sie alles hinter sich, und sprechen Sie sich in Gedanken vor:
Ich bin ruhig, ganz ruhig und entspannt.

Atmung
Richten Sie Ihre Wahrnehmung auf Ihre Atmung, und genießen Sie den ruhigen, gleichmäßigen Rhythmus. Sprechen Sie in Gedanken etwa 5mal die folgenden Formeln:
Ich überlasse mich dem Rhythmus des Atems.
Der Atem geht ruhig und gleichmäßig.

Herz
Richten Sie Ihre Aufmerksamkeit irgendwo im Körper auf den Herzschlag, und nehmen Sie ganz bewußt Ihren Puls wahr. Spüren Sie, wie mit dem Blut noch mehr Wärme im Körper verteilt wird, und sprechen Sie in Gedanken etwa 5mal:
Der Puls ist ruhig und fest.

Leib
Richten Sie nun Ihre Aufmerksamkeit auf den Bereich zwischen Bauchnabel und unterem Rippenbogen. Stellen Sie sich dabei vor, daß Ihr Atem beim Ausatmen nicht aus der Lunge heraus-, sondern warm in den Leib hineinströmt. Sprechen Sie sich in Gedanken etwa 5mal die folgende Formel vor, und spüren Sie dabei, wie sich Ihr Leib mit angenehmer Wärme füllt:
Der Leib ist strömend warm.

Genießen Sie die wohlige Wärme in Ihrem Bauch, unterstützt vom gleichförmigen

Atem und dem Rhythmus Ihres Herzschlags, bevor Sie die Übung beenden.

Zurücknahme
Nehmen Sie den Entspannungszustand
zurück nach den gewohnten Formeln:
Arme fest,
tief atmen,
Augen auf.

Erinnerung
Rufen Sie sich nach der Übung, wie gewohnt, die gemachten Erfahrungen in Erinnerung.

Führen Sie die erweiterte Übung wieder
zweimal täglich an den von Ihnen bestimmten Punkten im Tagesablauf durch.
Wie häufig denken Sie, werden Sie in der
fünften Woche Zeit zum Üben finden? Beginnen Sie Ihre Prognose wieder mit dem
folgenden Wochentag, und bestimmen Sie
den Tag, an dem Sie die nächste Übung
hinzunehmen wollen. Stellen Sie sich den
Ablauf der kommenden Woche vor, und
geben Sie für jeden einzelnen Tag Ihre
Schätzung ab, wie häufig Sie dann zum
Üben kommen.

Wochentag	Häufigkeit
Montag	
Dienstag	
Mittwoch	
Donnerstag	
Freitag	
Samstag	
Sonntag	
Montag	
Dienstag	
Mittwoch	
Donnerstag	
Freitag	
Samstag	
Sonntag	

Stirnübung (6. Woche)

Die sechste Grundübung des autogenen Trainings schränkt das Wärmegefühl in einem Körperbereich
ein: Der Kopf bleibt angenehm kühl, frisch
und klar. Die prinzipiell günstige Verbindung zwischen einem eher kühlen Kopf
und Entspannung sowie körperlichem
Wohlgefühl drückt sich bereits in Redewen-
dungen und Sprichwörtern aus, wie „Be-
wahre einen kühlen Kopf", oder „Den Kopf
halt kühl, die Füße warm, das macht den
besten Doktor arm" usw. Die Kühlung der
Stirn ist darüber hinaus von alters her ein
Mittel der Linderung und Heilung.
Die Vorstellung einer leicht kühlen Stirn
schließt die Grundübungen des autogenen
Trainings ab.
Für die Vorstellung der Stirnkühle erinnern
Sie sich vielleicht an einen frischen Luft-
zug in der Hitze eines strahlenden Sommer-
tages oder an die Wohltat, in einem heißen
Bad zu liegen, wenn der Kopf im Unterschied zum Körper angenehm kühl bleibt.
Das Gefühl einer angenehm kühlen Stirn
läßt sich sehr einfach erzeugen. Feuchten
Sie Ihre Stirn mit einem wassergetränk-
ten Läppchen ein wenig an. Schließen Sie
die Augen und vergegenwärtigen Sie sich
die Verdunstungskühle.
Fügen Sie dem bereits gewohnten Übungsablauf die Stirnübung hinzu. Beim Üben
durchlaufen Sie eine feste Reihenfolge:
Schwere, Wärme, Atmung, Herz, Leib,
Stirn. Nehmen Sie die Stirnkühle eher wie
nebenbei wahr. Sprechen Sie sich die Formeln in Gedanken vor. Die gesamte Übung
kann nun bis zu 20 Minuten dauern, aber
trainieren Sie nur so lange, wie es Ihnen
angenehm ist.

Einleitung
Nehmen Sie eine bequeme Entspannungshaltung ein, und sorgen Sie um sich herum
für geeignete Bedingungen. Schließen Sie
die Augen.

Ruhetönung

Sie beginnen sich zu entspannen, lassen alle Anstrengung los, werden ruhig und sprechen sich in Gedanken vor:

Ich bin ruhig, ganz ruhig und entspannt.

Schwere

Richten Sie Ihre Aufmerksamkeit auf Ihren Körper, und unterstützen Sie die Vorstellung von Schwere in ihm durch das etwa 3malige gedankliche Sprechen der Formel:

Der Körper ist schwer, angenehm schwer.

Ruhetönung

Nachdem sich die Schwere in Ihrem Körper angenehm ausgebreitet und ganz von ihm Besitz ergriffen hat, vertiefen Sie Ihre Ruhe mit der Formel:

Ich bin ruhig, ganz ruhig und entspannt.

Wärme

Nehmen Sie Ihren Körper ganz bewußt wahr, und stellen Sie fest, wie sich nach Ihrer Vorstellung eine angenehme Wärme in Ihnen breit macht. Sprechen Sie etwa 3mal in Gedanken:

Der Körper ist warm, wohlig warm.

Ruhetönung

Sie genießen die Schwere und die Wärme in sich und entspannen noch weiter, indem Sie sich in Gedanken vorsprechen:

Ich bin ruhig, ganz ruhig und entspannt.

Atmung

Richten Sie Ihre Wahrnehmung auf Ihre Atmung, und genießen Sie deren gleichförmiges Strömen. Sprechen Sie in Gedanken etwa 3mal:

Ich überlasse mich dem Rhythmus des Atems.
Der Atem geht ruhig und gleichmäßig.

Herz

Nun nehmen Sie ganz bewußt Ihren Herzschlag wahr und beobachten, wie sich der Puls anfühlt. Dabei sprechen Sie im Geist etwa 3mal:

Der Puls ist ruhig und fest.

Leib

Nun konzentrieren Sie Ihre Aufmerksamkeit auf den Bereich zwischen Bauchnabel und unterem Rippenbogen. Sprechen Sie in Gedanken etwa 3mal die folgende Formel, unterstützen Sie sie mit Ihrer Vorstellung:

Der Leib ist strömend warm.

Stirn

Richten Sie Ihre Aufmerksamkeit nun auf den Bereich oberhalb der Nasenwurzel bis zwei Finger breit über den Augenbrauen. Stellen Sie sich vor, daß die Luft beim Einatmen leicht und angenehm kühl an der Stirn vorbeizieht. Sprechen Sie in Gedanken etwa 5mal:

Die Stirn ist angenehm frisch und klar.

Genießen Sie die Wohltat der angenehm kühlen Stirn, und geben Sie sich ganz dem Zustand der Entspannung hin, bevor Sie Ihre Übung beenden.

Zurücknahme

Nehmen Sie die Entspannung in der gewohnten Form zurück nach dem Muster:

Arme fest,
tief atmen,
Augen auf.

Erinnerung

Rufen Sie sich nach der Übung die gemachten Erfahrungen in Erinnerung.

Führen Sie die erweiterte Übung wieder zweimal täglich an den von Ihnen bestimmten Punkten im Tagesablauf durch. Wie häufig, denken Sie, werden Sie in der sechsten Woche Zeit zum Üben finden? Beginnen Sie Ihre Planung wieder für den folgenden Wochentag, und bestimmen Sie den Wochentag, an dem Sie die folgende Übung hinzunehmen wollen. Stellen Sie sich den Ablauf der kommenden Woche vor, und geben Sie für jeden Tag Ihre Schätzung ab, wie oft Sie die Übung durchführen werden.

Wochentag	Häufigkeit
Montag	
Dienstag	
Mittwoch	
Donnerstag	
Freitag	
Samstag	
Sonntag	
Montag	
Dienstag	
Mittwoch	
Donnerstag	
Freitag	
Samstag	
Sonntag	

Sie haben nun die sechs Grundübungen des autogenen Trainings als Zugang zur willkürlichen Umschaltung in den Erholungszustand und als inneren Ruheraum kennengelernt. Entspannungshaltungen und der Übungsablauf sind Ihnen vertraut geworden: Die Schwereübung ermöglicht die Entspannung der Skelettmuskulatur. In der Wärmeübung weiten sich die Blutgefäße der Haut. Die Beobachtung des Atemrhythmus und des Herzschlages beruhigt und schafft Abstand. Die Leibübung fördert die Verdauungstätigkeit und baut auf. Die Stirnübung erhält einen klaren, wachen Kopf. Körper und Geist genießen die Ruhe und die gute Versorgung. Eine Kurzdarstellung der Formeln und des Übungsablaufes des autogenen Trainings finden Sie im Kapitel „Materialien" (siehe Seite 98).

Das Gelingen der Übungen wird auch für Sie selbst an einer Reihe von Erfolgsmerkmalen spürbar. Schon nach kurzem Üben entsteht das vorgestellte Gefühl von Schwere, die Gliedmaßen scheinen an der Unterlage zu haften und man möchte die zu Beginn der Übung einmal eingenommene Haltung nicht mehr ändern.

Umgebungsgeräusche und nicht übungsbezogene Gedanken treten mehr und mehr in den Hintergrund. Die Haut fängt leicht an zu kribbeln, und ein wohliges Wärmegefühl entsteht. Der Speichelfluß verstärkt sich, aber der Schluckreflex geht zurück. Gelegentlich wird Magenknurren hörbar. Mit steigender Übung kann sich das Schweregefühl in ein Gefühl von Körper- und Gewichtslosigkeit umkehren. Die genaue Lage von Armen und Beinen wird nicht mehr wahrgenommen, und manchmal entsteht der Eindruck sachter Körperbewegungen. Der Kopf ist kühl, und der Körper wird bis in die Tiefe des Leibes warm und pulsend durchströmt. Die Aufmerksamkeit ist ganz nach innen gerichtet. Das unmittelbare Zeitgefühl geht verloren, mit der „Kopfuhr" ist man aber dennoch in der Lage, die Übungsdauer recht genau zu bestimmen. Die Dauer einer Übung kann in der langen Form bis zu 20 Minuten betragen. Im Laufe der nächsten Monate des Übens wird das autogene Training auf eine unmittelbar im Alltag zu verwendende Kurzfassung reduziert.

Erweiterungen

Fürchte Dich nicht vor dem langsamen Vorwärtsgehen, fürchte dich nur vor dem Stehenbleiben.

Chinesische Weisheit

Die Grundübungen des autogenen Trainings sollten sinnvollerweise durch eine Reihe von ergänzenden Hinweisen und Zusatzübungen erweitert werden, die den Einstieg in die einzelnen Übungen erleichtern. Eine auch im Alltag praktikable Kurzform des autogenen Trainings finden Sie im folgenden Abschnitt, ebenso wie eine Beschreibung der sich mit den Entspannungsübungen einstellenden vertieften Wendung nach innen als Voraussetzung für weitere Lösungswege. Bei den weiterhin angefügten Übungstexten handelt es sich um ausgestaltete Vorschläge, mit deren Hilfe Sie anderen Menschen das autogene Training näherbringen oder die Sie zum Beispiel für eigene übungsunterstützende Tonbänder oder Kassetten benutzen können.

Einstiegserleichterungen

Zur Erleichterung des Einstiegs in die Grundübungen des autogenen Trainings und zur Beschleunigung der vegetativen Umschaltung in den Erholungszustand ist eine Reihe kleiner Hilfen denkbar. Eine davon nutzt beispielsweise die Tatsache, daß eine **vor der Entspannung** liegende **muskuläre Anspannung** das Empfinden der Entspannung verstärkt. Hieraus leitet sich die Empfehlung ab, vor Beginn der Schwereübung den Körper einmal oder mehrfach kräftig anzuspannen: Bringen Sie sich dazu in Ihre Entspannungshaltung, und machen Sie die Muskeln der Arme und Beine hart wie ein Brett. Strengen Sie mit geballten Fäusten Ihre Arme mit ganzer Kraft an. Halten und spüren Sie die Anspannung. Nach einigen Sekunden lassen Sie los, schließen die Augen und genießen das Gefühl der Entspannung.

Eine abgewandelte Form der Hilfe, die letztlich auf dem gleichen Grundgedanken fußt, ist der Einstieg über **absinkende Arme.** Für diesen Einstieg heben Sie am Anfang der Übung zu der Entspannungshaltung beide Arme an, so daß sie frei gehalten werden müssen. Schließen Sie die Augen, und spüren Sie einige Sekunden die sich langsam steigernde Anspannung. Stellen Sie sich vor, daß die Arme von einem zusätzlichen Gewicht, das auf den Händen liegt oder am Handgelenk befestigt ist, nach unten gezogen werden. Geben Sie der Bewegung nach. Mit den absinkenden Armen gehen Sie in die Entspannung über. Wenn die Arme ihre Unterlage erreicht haben, spüren Sie die sich ausbreitende angenehme Schwere und Wärme.

Die dritte Form der Einstiegshilfe erscheint auf den ersten Blick etwas ungewöhnlich, ist jedoch sehr wirkungsvoll. Der Einstieg über die **Augen-Innen-Oben-Stellung** eignet sich besonders für das Üben unter erschwerten Bedingungen. Stellen Sie sich einen Punkt auf der Stirn über der Nasenwurzel zwischen den Augenbrauen vor. Versuchen Sie, diesen Punkt mit geöffneten Augen sozusagen von innen anzuschauen. Sie drehen dafür Ihre Augen stark nach oben und lassen den Blick so nah wie möglich kreuzen. Diese Augenhaltung wird als anspannend erlebt. Versuchen Sie nun, die Augen zu schließen, ohne dabei die Blickrichtung nach innen oben zu verändern. Halten Sie, wenn Ihnen dies gelungen ist, kurz die Luft an. Atmen Sie nach einigen wenigen Sekunden mit einem tiefen Seufzer aus, und lassen Sie die Augen dabei in Normalstellung zurückgleiten. Es entsteht das Gefühl eines beschleunigten tiefen Hinabsinkens. Sie sind unmittelbar in der Innenwendung, die das Ergebnis einer gelungenen Entspannungsübung ist. Schweifen Ihre Gedanken während einer Übung ab, können Sie die Augen-Innen-Oben-Stellung auch mit geschlossenen Augen nutzen, um sich zu konzentrieren.

Die Kurzform der Übungen

Ein wesentliches Ziel des autogenen Trainings ist es, in jeder Situation und auch unter ungünstigen Bedingungen schnell und wirkungsvoll den Übergang zum Erholungszustand zu erreichen.

Die Möglichkeit des Übens in ganz verschiedenen Entspannungshaltungen ist eine Voraussetzung dazu. Eine andere liegt in der zunehmenden Verkürzung der Entspannungsübung auf wenige Minuten oder sogar wenige Sekunden.

Die bisher schon mehrfach indirekt angesprochene Verbindung der Grunderfahrungen des Erholungszustandes mit der Ausatmung führt zu einer erfolgreichen Kurzform. Werden die Formeln des autogenen Trainings nämlich allgemein in die Ausatmungsphase gelegt, steigert dies das Entspannungsempfinden. Letzteres ist auch bekannt aus der Erleichterung, die ein Stoßseufzer bewirkt. Die Kurzform des autogenen Trainings wird darüber hinaus immer wirkungsvoller mit fortschreitender Übung. Die Kurzform kann spielerisch schon nach wenigen Wochen des Übens des kompletten Trainingsprogramms versucht werden, da sich dann bereits eine feste Koppelung zwischen Formeln und Entspannung auszubilden beginnt, was Sie sicher auch bei sich schon beobachtet haben.

Die Formeln der Grundstufe des autogenen Trainings werden zu einem Programm für sechs Atemzüge verkürzt. Nach der Einnahme einer bequemen Haltung werden jeweils beim Ausatmen die folgenden Vorstellungen wachgerufen:

schwer
warm
ruhig und entspannt
Leib warm
Kopf kühl
ruhig und entspannt
Atmen Sie für die Zurücknahme ein paarmal tief durch.

Die Innenwendung

Die Innenwendung der Aufmerksamkeit ist zugleich Voraussetzung und Ergebnis der Entspannung im autogenen Training, bei dem sich der Körper wie im Schlaf erholt und bei dem dennoch das Bewußtsein hellwach ist. Jeder kennt Situationen aus dem Alltag, wo die Umgebung in den Hintergrund tritt und man ganz bei sich selbst ist („Ich war verträumt und gedankenversunken; ich habe die Welt um mich herum vergessen.").

Dieser Zustand wird häufig eher abgewertet, wenn man sagt, man sei unaufmerksam oder nicht bei der Sache gewesen. Ganz in sich selbst zu sein ist jedoch eine hilfreiche und wichtige Fähigkeit. Das völlige Aufgehen in einem Erlebnis, in Gedanken oder Erinnerungen wird zumeist auch als sehr angenehm erfahren. Anders als bei der normalen, nach außen gerichteten Aufmerksamkeit, bei der die inneren Empfindungen eher blaß und bruchstückhaft bleiben, gewinnen Vorstellungen in der Innenwendung eine große Lebhaftigkeit. Diesen Wirklichkeitseindruck haben Vorstellungen sonst

nur im Traum. Neben der körperlichen Entspannung eröffnet die gesteigerte Fähigkeit zur bewußten Innenwendung eine Vielzahl weiterer Wege zur Entdeckung und Entfaltung eigener Möglichkeiten. Einige dieser Lösungswege, die auf der Innenwendung aufbauen, finden Sie im nächsten Kapitel auf den Seiten 78 bis 82 beschrieben.

Die Möglichkeit zusätzliche Lösungswege für Alltagsprobleme über die Innenwendung zu finden, besteht, wenn Vorstellungen zur inneren Wirklichkeit werden. Bei der Darstellung des psychosomatischen Zusammenhangs ist dieses Prinzip bereits beschrieben worden und letztlich baut ja das ganze autogene Training auf ihm auf. Im Erleben läßt sich das Erreichen einer weitgehenden Innenwendung meist recht genau feststellen. Das Zeitgefühl geht verloren, Außengeräusche treten in den Hintergrund, die Gedanken werden bildhaft und assoziativ, und häufig werden Farben oder einfache geometrische Muster wahrgenommen. In der Hirnforschung hat man festgestellt, daß der Übergang zur Innenwendung mit einer verstärkten Aktivität im rechten Teil des Gehirns verbunden ist. Der rechten Gehirnhälfte werden ganzheitlich-bildhafte, geistige Vorgänge zugeordnet, während die linke Hemisphäre eher für das zergliedernd-logische Denken steht. Achten Sie bei Ihren Entspannungsübungen darauf, ob und wann Sie eine weitgehende Innenwendung erreichen. Versuchen Sie sich zu vergegenwärtigen, an welchen Empfindungen Sie im Einzelnen die vollzogene Innenwendung erkennen.

Die Innenwendung läßt sich am Ende einer Entspannungsübung noch vertiefen. Eine Möglichkeit dazu ist das langsame Zählen von eins bis zehn, wobei jeder Zählschritt genutzt wird, um sich noch weiter zu entspannen oder noch tiefer in sich hineinzuschauen, hineinzuhören oder hineinzufühlen. Eine andere Möglichkeit besteht in der gezielten Wahrnehmung der Entspannung der Gesichtsmuskulatur. Das Gesicht ist die Bühne, auf der wir für die Außenwelt spielen. Wenn das Gesicht entspannt ist, sind wir ganz bei uns selbst.

In die beiden folgenden Übungstexte sind diese Vertiefungsschritte eingebaut. Die Texte sind als zusätzliche Anregung für Ihre eigenen Übungen gedacht. Vielleicht sprechen Sie sich einen davon auf Tonband oder Kassette und lassen sich von der eigenen Stimme in die Innenwendung führen. Wenn Ihnen dies unangenehm ist, bitten Sie eine Ihnen nahestehende Person, ein Band für Sie zu besprechen, das Sie dann zum Üben benutzen. Wenn Sie bereits Erfahrung mit den Übungstexten haben, können Sie sie auch verkürzen oder umstellen und verändern. Betrachten Sie die Texte als Anregung und Hilfestellung.

Übungstext 1

Der erste Text lehnt sich stark an die Grundübungen des autogenen Trainings an. Die Überschriften dienen nur der Gliederung der Übung und gehören nicht zum Übungstext. Das Sprechtempo sollten Sie dem Übungsverlauf und den persönlichen Vorlieben anpassen.

Einleitung

Wenn etwas einengt – zum Beispiel ein Gürtel, ein Kragenknopf oder die Schuhe – kann ich es *jetzt öffnen* oder *ablegen;* wenn etwas ablenken könnte, kann ich *jetzt Abstand nehmen*. Ich nehme die Haltung ein, von der ich weiß, daß ich in ihr für einige Zeit – *ganz entspannt* – liegen kann, ohne daß irgendetwas stört. Ich kann meine Haltung jederzeit verändern, auch während des Übens. Wichtig ist allein, daß ich mich *wohl fühle.*

Anspannungseinstieg

Zu Beginn spanne ich meine Muskeln an, um die anschließende *Entspannung* um so *deutlicher* und *angenehmer* zu erleben. Ich spanne meinen Körper kurz an, mache mich hart wie ein Brett – *jetzt* – und halte die Spannung für einige Sekunden. Und ich lasse los, spüre die sich ausbreitende *Entspannung*. Ich spanne alle meine Muskeln noch einmal an – *jetzt* – , halte die Spannung und *entspanne* mich.

Allgemeine Ruhetönung

Ich versuche *Abstand* zu *gewinnen,* alles hinter mir zu lassen. Etwas in mir soll sich *lösen*. Ich sinke, vielleicht wie eine Feder, langsam und schaukelnd – *tiefer* und immer *tiefer.*

Ich bereite mich darauf vor, *ruhig* zu sein, angenehm *ruhig* und *entspannt.*

Wenn Gedanken da sind, haben sie ein Recht, da zu sein – die Gedanken sind nicht wichtig. Ich stelle mir vor, daß meine Gedanken wie die Oberfläche eines Waldsees sind, in den jemand einen Stein geworfen hat; zuerst bewegt und unruhig, dann immer glatter, bis die Oberfläche einem Spiegel gleicht, ganz *ruhig.* Wenn Geräusche da sind, haben sie ein Recht, da zu sein – auch die Geräusche sind nicht wichtig. Ich kann sogar mit den Geräuschen immer noch ein wenig *tiefer in die Entspannung* hineingleiten. Ich bin ganz *ruhig, angenehm ruhig* und *entspannt.*

Von außen nach innen

Und während ich so daliege oder -sitze – mit beginnender *Ruhe* und *Entspannung* –, richte ich meine Aufmerksamkeit *mehr* und *mehr* von *außen* nach *innen*. Zu Beginn nehme ich noch den Raum wahr, der mich umgibt; so, wie man auch mit geschlossenen Augen etwas wahrnimmt. Dann richte ich meine Aufmerksamkeit mehr auf mich selbst, gehe irgendwie tiefer in mich hinein. Ich spüre die Kleidung auf der Haut, fühle, wo die Kleidung die Haut freigibt und ich auf angenehme Art mit der Luft in Berührung bin. Und ich gehe noch weiter, noch tiefer in mich hinein. Ich spüre, wie der Körper auf der Unterlage aufliegt. Ich spüre das Gewicht meines Körpers auf der Unterlage.

Schwereübung

Und während ich so daliege oder -sitze, fest und sicher, *ruhig, angenehm ruhig* und *entspannt,* finde ich heraus, wie und wo mein Körper die Unterlage berührt. Und während ich dies herausfinde, stelle ich mir vor, daß der Körper *schwer* ist, *angenehm schwer.* Und je besser es mir gelingt, mir vorzustellen, daß der Körper *schwer* ist, *angenehm schwer,* desto deutlicher fühle ich, wie und wo der Körper die Unterlage berührt. Und je deutlicher ich dies fühle, desto besser kann ich mir vorstellen, daß der Körper *schwer* ist, *angenehm schwer.* Arme und Beine, der ganze Körper ist *schwer, angenehm schwer.* Ich bin *ruhig, gelöst* und *entspannt.*

Wärmeübung

Und während ich so daliege oder -sitze, *schwer, angenehm schwer* und *ruhig,* richte ich meine Aufmerksamkeit auf meine beiden Hände. Ich nehme ganz genau beide Hände wahr; wie die Finger die Unterlage und vielleicht auch sich gegenseitig berühren. Und während ich dies wahrnehme, stelle ich mir vor, daß die Hände *warm* sind, *wohlig warm,* so als ob sie von der

Sonne bestrahlt würden. Und die *Wärme* breitet sich von den Händen, wie ausgehend von zwei Quellen, über den ganzen Körper aus. Hände und Arme, der ganze Körper ist *warm, wohlig warm.* Ich bin *ruhig, gelöst* und *entspannt.*

Atemübung

Für eine Weile beobachte ich das gleichmäßige Ein und Aus des Atems. Ich fühle, wie der Atem beim Einatmen – *ganz von selbst* – hereinströmt und beim Ausatmen *erwärmt* den Körper verläßt. Ich überlasse mich einfach dem Atem. Und mit jedem Ausatmen bleibt alles noch ein wenig weiter hinter mir, werde ich noch ein wenig *ruhiger* und *gelöster.* Der Atem geht *ruhig* und *gleichmäßig.* Ich überlasse mich dem Rhythmus des Atems. Ich bin *ruhig, gelöst* und *entspannt.*

Herzübung

Und ich richte meine Aufmerksamkeit auf das angenehme Pulsieren, das den Körper durchströmt. Ich nehme den Rhythmus irgendwo im Körper wahr, vielleicht im Bauchbereich oder in den Fingern. Der Puls geht *ruhig* und *fest.* Ich bin *angenehm gelöst* und *entspannt.*

Bauchübung

Ich richte meine Aufmerksamkeit auf den Bauchraum. Tief von innen verbreitet sich ein angenehmes Gefühl *strömender Wärme.* Der Leib ist *strömend warm.*

Stirnkühle

Und ich richte meine Aufmerksamkeit auch noch auf das Gesicht. Ich stelle mir vor, daß sich die Stirn *frisch* anfühlt, so als ob ein leichter Windhauch an ihr vorbeiwehen würde. Die Stirn ist angenehm *frisch* und *klar.*

Entspannung im Gesicht

Auch das ganze Gesicht ist *entspannt, gelockert* und *gelöst.* Im Bereich des Mundes: die Muskeln sind *locker, entspannt* und *gelöst.* Im Bereich der Nase und der Wangen: auch hier sind die Muskeln *locker, entspannt* und *gelöst.* Im Bereich der Augen und der Stirn, im ganzen Gesicht sind die Muskeln *locker, entspannt* und *gelöst.*

Innenwendung

Und für eine Weile schaue ich in das gleichmäßige Dunkel vor meinen Augen, lasse den *Gedanken* und *Bildern* freien Lauf und *genieße* einfach das angenehme Gefühl der *Ruhe* und *Entspannung.*

Zurücknahme

Langsam wende ich meine Aufmerksamkeit wieder von innen nach außen. Ich nehme den Raum wahr, der mich umgibt. Ich nähere mich wieder ganz dem Hier und Jetzt. Und während ich zurückkehre, nehme ich das angenehme Gefühl der *Ruhe* und der *Entspannung* mit, so daß es auch über die Übung hinaus erhalten bleibt. *Arme fest, tief atmen, Augen auf.*
Ich bin *entspannt* und *erfrischt* wie nach einem *erholsamen* Schlaf.

Übungstext 2

Im zweiten Text wird nach der gleichen Einführung eine Reise durch den Körper unternommen, die die Körperwahrnehmung schult und eine tiefe Innenwendung ermöglicht. Die Überschriften dienen wieder nur der Gliederung der Übung. Das Sprechtempo sollten Sie dem eigenen Übungsverlauf und den persönlichen Vorlieben anpassen.

Einleitung

Wenn etwas einengt – zum Beispiel ein Gürtel, ein Kragenknopf oder die Schuhe – kann ich es *jetzt öffnen* oder *ablegen;* wenn etwas ablenken könnte, kann ich *jetzt Abstand nehmen.* Ich nehme die Haltung ein, von der ich weiß, daß ich in ihr für einige Zeit – *ganz entspannt* – liegen kann, ohne daß irgendetwas stört. Ich kann meine Hal-

tung jederzeit verändern, auch während des Übens. Wichtig ist allein, daß ich mich *wohl fühle.*

Allgemeine Ruhetönung

Ich versuche *Abstand* zu *gewinnen,* alles hinter mir zu lassen und mich zu *lösen.* Ich sinke, vielleicht wie eine Feder, langsam und schaukelnd – *tiefer* und *tiefer.* Ich bereite mich darauf vor, *ruhig* zu sein, angenehm *ruhig* und *entspannt.*
Wenn Gedanken da sind, haben sie ein Recht, da zu sein – die Gedanken sind nicht wichtig. Ich stelle mir vor, daß meine Gedanken wie die Oberfläche eines Waldsees sind, in den jemand einen Stein geworfen hat; zuerst bewegt und unruhig, dann immer glatter, bis die Oberfläche einem Spiegel gleicht, ganz *ruhig.* Wenn Geräusche da sind, haben sie ein Recht, da zu sein – auch die Geräusche sind nicht wichtig. Ich kann sogar mit den Geräuschen immer noch ein wenig *tiefer in die Entspannung* hineingleiten. Ich bin *ruhig, angenehm ruhig* und *entspannt.*

Von außen nach innen

Und während ich so daliege oder -sitze – mit beginnender *Ruhe* und *Entspannung* –, richte ich meine Aufmerksamkeit *mehr* und *mehr* von *außen* nach *innen.* Zu Beginn nehme ich noch den Raum wahr, der mich umgibt; so, wie man auch mit geschlossenen Augen etwas wahrnimmt. Dann richte ich meine Aufmerksamkeit mehr auf mich selbst, gehe irgendwie tiefer in mich hinein. Ich spüre die Kleidung auf der Haut, fühle, wo die Kleidung die Haut freigibt und ich auf angenehme Art mit der Luft in Berührung bin. Und ich gehe noch weiter, noch tiefer in mich hinein. Ich spüre, wie der Körper auf der Unterlage aufliegt. Ich spüre dort das Gewicht meines Körpers.

Reise durch den Körper

Ich sammle meine Aufmerksamkeit ganz an dem Bereich, an dem der Kopf die Unterlage berührt. Ausgehend von dort, beginne ich mit meiner Aufmerksamkeit eine Reise durch den Körper. Ich wandere die Wirbelsäule entlang abwärts. Ich lasse mir Zeit und versuche, Wirbel für Wirbel wahrzunehmen oder mir vorzustellen, wo die Wirbelsäule die Unterlage berührt und wo sich meine Wirbelsäule von der Unterlage abhebt.

Ich beginne beim Kopf und wandere langsam in den Hals hinein – die Wirbelsäule entlang – abwärts. Und irgendwann – früher oder später – komme ich an den Schultern vorbei und wandere weiter den Rücken entlang. Und irgendwann – nach unbestimmter Zeit – komme ich zu dem Bereich, an dem die Wirbelsäule bei den Hüften wieder die Unterlage berührt. Ich sammle dort meine Aufmerksamkeit.

Und ausgehend von dem Bereich, an dem die Wirbelsäule bei den Hüften die Unterlage berührt, wandere ich mit meiner Aufmerksamkeit weiter, zum Beispiel über die rechte Hüfte in das rechte Bein. Zu Beginn in den rechten Oberschenkel. Ich versuche, den rechten Oberschenkel ganz mit meiner Aufmerksamkeit auszufüllen. Und ich wandere weiter über das rechte Knie in den rechten Unterschenkel, bis hinab in den rechten Fuß. Ich spüre, wie die Ferse des rechten Fußes die Unterlage berührt. Und ebenso, wie ich dies spüre, kann ich herausfinden, wie und wo mein ganzes rechtes Bein fest und sicher auf der Unterlage aufliegt.

Schwere und Wärme im rechten Bein
Und während ich dies fühle, stelle ich mir vor, daß das rechte Bein *schwer* ist, *angenehm schwer* und *entspannt*. Und je besser es mir gelingt, mir vorzustellen, daß das rechte Bein schwer ist, desto deutlicher spüre ich, wie das rechte Bein auf der Unterlage aufliegt. Und je deutlicher ich dies spüre, desto eher bin ich in der Lage, mir vorzustellen, daß das rechte Bein ganz *schwer* ist, *angenehm schwer*.

Und ebenso wie ich mir *Schwere* vorstellen kann, bin ich auch in der Lage, mir vorzustellen, daß das rechte Bein *warm* ist, *wohlig warm,* so als ob es von der Sonne angestrahlt würde. Das rechte Bein ist *schwer, angenehm schwer* und *wohlig warm.*

Fortsetzung der Reise durch den Körper
Und ich wandere mit meiner Aufmerksamkeit wieder zu dem Bereich, an dem die Wirbelsäule bei den Hüften die Unterlage berührt. Und von dort wandere ich nun in gleicher Weise über die linke Hüfte in das linke Bein, zu Beginn in den linken Oberschenkel. Ich fülle auch den linken Oberschenkel ganz mit meiner Aufmerksamkeit aus. Und ich wandere weiter, nun über das linke Knie in den linken Unterschenkel, bis hinab in den linken Fuß. Ich spüre, wie die Ferse des linken Fußes die Unterlage berührt. Und ich finde heraus, wie und wo das ganze linke Bein fest und sicher auf seiner Unterlage aufliegt.

Schwere und Wärme im linken Bein
Und während ich dies fühle, stelle ich mir vor, daß auch das linke Bein *schwer* ist, *angenehm schwer* und *entspannt.* Und ebenso wie ich mir *Schwere* vorstellen kann, kann ich auch versuchen mir vorzustellen, daß das linke Bein *warm* ist, *wohlig warm,* so als ob es von der Sonne angestrahlt würde. Auch das linke Bein ist *schwer, angenehm schwer* und *wohlig warm.*

Fortsetzung der Reise durch den Körper
Und ich wandere mit meiner Aufmerksamkeit wieder zu dem Bereich, an dem die Wirbelsäule bei den Hüften die Unterlage berührt. Beide Beine sind nun *schwer, angenehm schwer* und *wohlig warm.*

Und ich kann gleich – ausgehend von dem Bereich, an dem die Wirbelsäule die Unterlage berührt – mit meiner Aufmerksamkeit wieder die Wirbelsäule aufwärts wandern. Ich lasse mir dabei abermals Zeit und versuche, Wirbel für Wirbel wahrzunehmen.

Ich beginne bei den Hüften und nehme – während ich aufwärtswandere – das angenehme Gefühl der *Schwere* und *Wärme* aus den Beinen mit, wie bei einem Gefäß, das sich langsam füllt. Ich wandere den Rücken entlang aufwärts. Und irgendwann – früher oder später – komme ich wieder an den Schultern vorbei.

Schwere und Wärme in den Armen und Händen

Und während ich an den Schultern vorbeikomme, fließen *Schwere* und *Wärme* hinein in die Arme und Hände. Auch die Arme und Hände sind *schwer, angenehm schwer* und *wohlig warm.*

Abschluß der Reise durch den Körper

Und ich wandere mit der Aufmerksamkeit weiter aufwärts, an den Schultern vorbei, in den Hals hinein und erreiche – früher oder später – wieder den Bereich, an dem der Kopf die Unterlage berührt. Der ganze Körper ist nun *schwer, angenehm schwer* und *wohlig warm.* Ich bin *ruhig, gelöst* und *entspannt.*

Entspannung im Gesicht

Und während ich so daliege – *angenehm schwer, warm, ruhig* und *entspannt* –, richte ich meine Aufmerksamkeit noch auf die Muskeln des Gesichtes und nehme wahr, wie – nach und nach – auch das Gesicht ganz *entspannt, gelockert* und *gelöst* ist. Wie eine Blüte, die sich allmählich mehr und mehr öffnet. Ich beginne im Bereich des Mundes: die Muskeln sind *locker, entspannt* und *gelöst.* Danach gehe ich in den Bereich der Nase und der Wangen: auch hier sind die Muskeln *locker, entspannt* und *gelöst.* Im Bereich der Augen und der Stirn, im ganzen Gesicht sind die Muskeln *locker, entspannt* und *gelöst.*

Atmung

Und für eine Weile beobachte ich noch das gleichmäßige Ein und Aus des Atems. Ich fühle, wie der Atem beim Einatmen – *ganz von selbst* – hereinströmt und beim Ausatmen *erwärmt* den Körper verläßt. Ich überlasse mich einfach dem gleichmäßigen Rhythmus des Atems. Und mit jedem Ausatmen werden *Wärme* und *Schwere* noch ein wenig deutlicher.

Vertiefung

Mit dem Zählen von eins bis zehn halte ich noch einmal in meinem Körper Umschau, ob irgendwo, irgendetwas noch ein klein wenig *mehr* zu *lockern,* zu *lösen* und zu *entspannen* ist. Ich stelle mir bei jeder Zahl einen Ton vor, der sich zunehmend von hoch nach tief verändert.
Ich beginne bei *eins:* Ich bin *ruhig* und *entspannt. Zwei* und *drei:* Ich versuche, noch etwas mehr *Abstand* zu gewinnen, alles noch weiter hinter mir zu lassen. *Vier* und *fünf:* Ich lasse los, sinke wie eine Feder, langsam und schaukelnd, *tiefer* und *tiefer. Sechs, sieben* und *acht:* Nichts ist wichtig, alles ist weit weg. *Neun* und *zehn:* Ich bin *ruhig, gelöst* und *entspannt.*

Innenraum

Und für eine Weile schaue ich in das gleichmäßige Dunkel vor meinen Augen, lasse den *Gedanken* und *Bildern* freien Lauf und *genieße* einfach das angenehme Gefühl der *Ruhe* und *Entspannung.*

Zurücknahme

Ich zähle langsam rückwärts von zehn zu eins und wende meine Aufmerksamkeit wieder zunehmend dem Raum zu, der mich umgibt. Ich stelle mir einen Sonnenaufgang vor. Zuerst taucht irgendwo am Horizont ein schwacher Lichtschein auf, der sich verdichtet, bis langsam die Sonne voll hervorkommt. Und während die Sonne aufsteigt, nehme ich die Empfindungen, Bilder und Gedanken der Übung mit, so daß sie auch nach dem Ende der Übung in meinem Leben ihre gute Wirkung entfalten. Ich beginne bei *zehn* und der Lichtschein am Horizont verdichtet sich. *Neun* und *acht:* Ich bin wieder mehr und mehr in der mich umgebenden Situation. *Sieben* und *sechs:* Die Sonne steigt und steht voll am Himmel. *Fünf* und *vier:* Ich bin wieder ganz im Hier und Jetzt. *Drei, zwei* und *eins: Arme fest, tief atmen, Augen auf. Ich bin entspannt* und *erfrischt* wie nach einem erholsamen Schlaf.

Nachdem Sie die sechs Grundübungen des autogenen Trainings kennen, beginnen Sie, die gelernte psychosomatische Koppelung zwischen Vorstellung und vegetativer Umschaltung in den Erholungszustand zu verstetigen und zu verstärken. Mit wachsender Sicherheit des Übungserfolgs können Sie den Ablauf des autogenen Trainings

bis zu einer in jeder Situation anwendbaren Kurzform verdichten. Mit einer gelungenen Entspannungsübung entsteht eine vertiefte Innenwendung. In dieser Innenwendung treten Außeneindrücke und logische Denkvorgänge in den Hintergrund. Vorstellungsinhalte gewinnen eine hohe Lebendigkeit und entfalten psychologische und psychosomatische Wirkung. Mit der vertieften Innenwendung haben Sie die Möglichkeit, über das autogene Training und die körperliche Entspannung hinausgehende Lösungswege für sich zu eröffnen. Ausformulierte Übungstexte dienen Ihnen dabei als Anregung für eine spielerische Erweiterung und Ausgestaltung einzelner Entspannungsübungen.

Lösungswege

„Nicht der Wille ist der Antrieb unseres Handelns, sondern die Vorstellungskraft."

Emile Coué

Zur Beschreibung der auslösenden und gestaltenden Kräfte des menschlichen Verhaltens lassen sich die unterschiedlichsten Bilder heranziehen. Man kann sich das Verhalten zum Beispiel genauso als ausschließlich von äußeren Reizen wie auch als in erster Linie von inneren Antrieben gesteuert vorstellen. Die einzelnen Modelle führen zu verschiedenen Anregungen für Lösungswege, die prinzipiell zur Bewältigung von als Problem Erlebtem gegangen werden können.

Das Modell, das diesem Ratgeber zugrunde liegt, läßt sich recht gut anhand des folgenden Bildes erläutern: Stellen Sie sich eine Kugel in einer Landschaft mit vielen Hügeln und Tälern vor. Die Kugel ist der augenblickliche psychische und körperliche Zustand einer Person, und die Landschaft stellt die Summe der Erlebens- und Verhaltensweisen dar, die der Person zu einem Zeitpunkt überhaupt möglich sind. Die Kugel, das Erleben und Verhalten, ist ständig in Bewegung. Gerät sie in den Einzugsbereich eines Tales, so rollt sie – je nach dem, wie tief das Tal und wie steil der Abhang ist – mehr oder weniger schnell hinein. Ein bestimmter psychischer oder körperlicher Zustand ist erreicht. Ein bestimmtes Verhalten tritt auf. Ist das Tal tief und bewegt sich die Kugel nur wenig von selbst, verharrt sie im Tal. Ein Gefühl, eine Sichtweise oder ein Verhalten verfestigt sich. In diesem Falle bleibt die jenseits des Tales liegende Landschaft unentdeckt, und aus dem Blickwinkel der Kugel ist die Wahrnehmung beschränkt auf die das Tal umgebenden Höhen. Bewegt sich die Kugel ständig geringfügig auf dem Boden des Tales hin und her, wird das Tal gewissermaßen durch Abrieb weiter vertieft, und die Wahrscheinlichkeit, daß die Kugel es verlassen kann, wird geringer. Um aus dem Tal herauszukommen, muß die Kugel entweder durch äußere Anregung oder durch Eigenaktivität in stärkere Bewegung geraten. Eine andere Möglichkeit besteht darin, daß sich die Landschaft umgestaltet und sich zum Beispiel ein anderes Tal bildet, dessen Einzugsbereich sich bis in die Nähe der Kugel erstreckt. Die Umgestaltung der Landschaft kommt etwa dem Erlernen einer neuen Fähigkeit gleich. Wird die Eigenbewegung groß genug oder gestaltet sich die Landschaft entsprechend um, kann die Kugel das Tal verlassen und neue Wege, Ansichten und Aussichten entdecken. Nach und nach erschließt sich so die Summe der Möglichkeiten, die die Landschaft bietet. Übertragen auf menschliches Erleben und Verhalten, auf menschliche Probleme und deren Lösung ergeben sich aus diesem Bild bestimmte Annahmen. Man geht zum Beispiel davon aus, daß ein Problemzustand nur einer von vielen Zuständen ist, die in den Möglichkeiten einer Person angelegt sind. Egal wie bedrückend wir eine Problemsituation empfinden und wie unausweichlich ein unerwünschtes Verhalten uns auch erscheinen mag, jede Sicht- und Verhaltensweise ist nur eine von vielen anderen momentan möglichen oder erlernbaren. Die Vorstellung, einen Vortrag halten zu müssen, treibt uns vielleicht den Angstschweiß auf die Stirn. Werden wir zur gleichen Zeit von einem Freund gebeten, ihm etwas zu erklären, können wir ihm ohne das geringste Zögern auch schwierige Sachverhalte erläutern. Die Landschaft der eigenen Möglichkeiten ist immer vielgestaltiger als der Ort, an dem man sich gerade befindet. Hilfestellungen zur Problemlösung können sich deshalb darauf beschränken, Anregungen zu geben. Die Fähigkeit zur Lösung liegt in jeder Person selbst. Wird die Kugel in der Landschaft der Möglichkeiten in Bewegung gesetzt, werden die scheinbar unabänderlichen Grenzen des Problemzustandes überwunden. Es vermittelt ein grundsätzliches Gefühl von Selbst-

vertrauen, zu erkennen, daß wir eigentlich stets über eine große Zahl von anderen Formen des Erlebens und Verhaltens verfügen, auch wenn wir dies manchmal aus den Augen verlieren.

Durch Lernen können wir unsere Landschaft umgestalten und neue Täler hinzufügen oder bestehende vertiefen. Bereits die gedankliche Beschäftigung mit der Lösung eines Problems kommt einer Änderung der Landschaft gleich. Je genauer Lösungsvorstellungen ausgestaltet werden, desto eher werden sie Wirklichkeit. Das Verhalten ordnet sich scheinbar von allein in Richtung auf die angestrebte Lösung. Die Kugel rollt in ein anderes Tal. Die Vorstellungskraft wird zum Antrieb des Handelns. Erleben und Verhalten wird nicht von irgendwo gesteuert, sondern es ordnet sich selbsttätig, wie der Lauf der bewegten Kugel in der Landschaft.

Das Bild der sich frei bewegenden Kugel entspricht jüngsten wissenschaftlichen Erkenntnissen über sich selbst organisierende natürliche Systeme und eignet sich gut zur Beschreibung menschlichen Erlebens und Verhaltens. Übertragen auf psychische Problemlösungsprozesse ist es die Grundlage des systemischen Ansatzes in der Psychotherapie.

Zustandsbilder

Eine nützliche Voraussetzung für die Gestaltung von Lösungswegen ist – bleiben wir bei dem gewählten Bild der Landschaft – die Kenntnis der Landschaft, nach der sich unser Erleben und Verhalten ordnet. Zwei verschiedene körperliche Zustandsbilder oder Täler in der Landschaft körperlicher Möglichkeiten wurden bereits ausführlich dargestellt: der Leistungs- und der Erholungszustand. Wege wurden angeregt, wie eine Umschaltung, ein Herüberwandern vom einen in den anderen Zustand durch die Vorstellung des Zieles herbeigeführt werden kann. Durch die Beschreibung des psychosomatischen Zusammenhanges wurde bereits erläutert, daß Bewertungen, Bedeutungszuweisungen und Körperzustände in vielgestaltiger Form zu ganzheitlichen Mustern zusammengefügt sind. Gedanken, Gefühle und Körperempfindungen formen zusammen gewissermaßen ein bestimmtes Tal in der psychosomatischen Landschaft.

Betrachten Sie derartige Täler oder Zustandsbilder in Ihrem Leben genauer. Suchen Sie sich typische Situationen aus, die Sie erkunden möchten. Hilfreich ist es zu Beginn, zwei Situationen mit gegensätzlicher Bewertung zu nehmen, da in der Unterschiedlichkeit die jeweiligen Eigenarten deutlicher werden. Stellen Sie sich zum Beispiel eine Situation vor, in der Sie sich sicher gefühlt haben und im Vollbesitz Ihrer Fähigkeiten waren. Wählen Sie eine zweite Situation aus, in der das Gegenteil der Fall war. Unter den Materialien finden Sie Beschreibungsbögen für Zustandsbilder, die Sie bei dieser genauen Betrachtung unterstützen (siehe Seite 96). Einem so untersuchten Zustandsbild sollten Sie einen Namen geben. Eines kann zum Beispiel Spannkraft heißen oder auch mit ungewöhnlichen Begriffen belegt sein, die eigentlich nur für Sie ganz persönlich eine Bedeutung haben.

Vergegenwärtigen Sie sich die Situation, die typisch für das jeweilige Zustandsbild war. Fragen Sie sich, welche Körperempfindungen Sie hatten. Erinnern Sie sich an bestimmte Körperhaltungen, die mit dem Zustand verknüpft sind? Welche besonderen Gedanken hatten Sie in dem Zustand? Suchen Sie sich danach eine Situation, die dem Zustandsbild entgegengesetzt war. Bezeichnen Sie das gegensätzliche Zustandsbild, und beantworten Sie sich die gleichen Fragen.

Spielen wir eine solche Gegenüberstellung einmal an einem ausgedachten Beispiel durch. Ein mögliches Gegensatzpaar von Zustandsbildern könnte „lustlos" gegenüber „begeistert" sein. Nehmen wir als gewählten Bezugspunkt für das Zustandsbild „lustlos" eine Einladung zur Geburtstagsfeier an irgendeinem Freitagabend nach einer anstrengenden Arbeitswoche. Mögliche typische Begleitgedanken für das Zustandsbild „lustlos" können etwa lauten: „Dem bin ich nicht gewachsen. Was wollen die eigentlich alle von mir. Ich will nur Ruhe. Ist doch sowieso alles Blödsinn, ich bin müde." Die zugehörige Körperhaltung wäre als zusammengesunken und schlaff beschreibbar. Kopf und Schultern hängen, der Blick ist eher gesenkt, die Atmung ist flach, der Brustkorb eingeschnürt und der Magen flau. Es herrscht ein unangenehmes, bleiernes Gefühl in den Gliedern. Der Kopf wird als dumpf und leer wahrgenommen. Es können keine klaren Gedanken gefaßt werden. In der Erinnerung an die Situation erscheinen die vorgestellten Bilder blaß, dunkel, wenig farbig, etwas verschwommen, unbewegt und eher flach wie ein Foto. Stimmen und Geräusche werden als gedämpft und irgendwie weit weg empfunden. Alles wird wie von außen, wie auf einem Bildschirm wahrgenommen.

Demgegenüber steht das Zustandsbild „begeistert". Als Beispielsituation wird vielleicht der Aufbruch zu einer bestimmten, langersehnten Urlaubsfahrt ausgewählt. Mögliche typische Begleitgedanken für das Zustandsbild „begeistert" könnten etwa lauten: „Es geht los. Alles ist in Ordnung." Die zugehörige Körperhaltung wäre als aufgerichtet, gestrafft und offen beschreibbar. Der Kopf ist erhoben und klar, der Blick aufnahmebereit, und der Körper erscheint leicht und beweglich. Im Magen ist ein angenehmes Kribbeln zu spüren. In der Erinnerung an die Situation scheinen die vorgestellten Bilder scharf, hell, farbenfroh, bewegt und wie ein begehbarer Raum. Stimmen und Geräusche sind deutlich und nah. Alles wird aus dem eigenen Blickwinkel wahrgenommen.

Nehmen Sie an, Sie sind in einer Situation, in der Sie sich in einem negativen Zustandsbild empfinden. Wenn Sie Ihr Erleben – und in der Folge ihr Verhalten – ändern möchten, rufen Sie die Vorstellung eines entgegengesetzten, positiven Zustandes in sich wach. Nehmen Sie die zugehörige Körperhaltung ein. Erinnern Sie sich an die Gedanken und Empfindungen, die an den Wunschzustand gekoppelt sind.

In vielen Religionen wurden zum Beispiel Andacht und Sammlung als umschriebene psychosomatische Koppelung bewußt eingeführt. Der Gläubige nimmt eine bestimmte Körperhaltung ein (Meditationshaltungen), richtet seine Gedanken auf bestimmte Inhalte (Gebetstexte usw.), begibt sich in eine Umgebung mit bestimmten Empfindungen (Kirche usw.). Die einzelnen Elemente unterstützen sich gegenseitig und führen in den Zustand innerer Sammlung, der als Raum der Selbstbesinnung und Sinnstiftung kostbar ist.

Bezogen auf Alltagsgegebenheiten ergibt sich die Idee, Zustände der Kraft, der Fähigkeit und der Lösung im Schatz der eigenen Erfahrungen zu suchen, sie sich in allen Anteilen bewußt zu machen und in der Vorstellung auf bestehende Problemsituationen zu übertragen. Unsere individuelle Landschaft des Erlebens und Verhaltens ist reich an solchen Kraftquellen.

Wählen Sie sich eine für Sie zur Zeit problematische Situation, in die Sie öfter geraten und von der Sie vermuten, daß Sie immer mit einem bestimmten problembezogenen Zustandsbild einhergeht. Typische problembezogene Zustandsbilder werden beispielsweise oft mit Hilf-, Aussichts- oder Kraftlosigkeit umschrieben. Manche Menschen fühlen sich wie „erstarrt" oder „gelähmt" usw. Benennen Sie das problembezogene Zustandsbild, ohne es jedoch näher aufzuschlüsseln. Suchen Sie in Ihrer Erinnerung nach Situationen, in denen Sie sich im genauen Gegenteil des Problemzustandes befunden haben. Das Gegenteil von „aussichtslos" könnte etwa „zielbewußt" sein. Benennen Sie diesen gegenteiligen Zustand, und legen Sie seine Bestandteile mittels der Beschreibungsbögen für Zustandsbilder (siehe Seite 96 bis 97) offen. Sammeln Sie, wenn Sie wollen, mehrere derartige Kraftquellen für unterschiedliche Problembereiche. Wie sieht Ihr Zustandsbild für Leistungsfähigkeit, für Zufriedenheit, für Selbstsicherheit, für Geborgenheit, für Freude usw. aus?

Kraftquellen

Als Kraftquellen bezeichnen wir lösungsbezogene Zustandsbilder. Für das Problem Streß ist zum Beispiel der Erholungszustand eine Kraftquelle. Für das Empfinden von Ohnmacht gegenüber schlechten oder unpassenden Lebensbedingungen kann der Leistungszustand eine Kraftquelle für die Umgestaltung sein. Die Erinnerung an eine Situation, in der Sie ein Problem gelöst haben, weist Ihnen den Weg aus einer Situation heraus, die Sie noch als Problem empfinden. Wie beim autogenen Training die Vorstellung des Erholungszustandes zur Umschaltung in diesen Zustand führt, kann die Vorstellung eines lösungsbezogenen Zustandsbildes in Ihnen neue Kräfte zur tatsächlichen Lösung freisetzen.

Vergegenwärtigen Sie sich zum Beispiel eine typische Prüfungssituation. Sie warten darauf, vorgeladen zu werden, und sitzen auf dem Gang vor dem Prüfungszimmer. Vielleicht wandern Sie unruhig auf und ab und versuchen, sich abzulenken. In Gedanken gehen Sie mögliche Prüfungsfragen durch. Sie merken Ihre eigene Nervosität. Die Hände sind kalt und feucht, der Mund ist trocken. Das Herz pocht usw. Die Wahrnehmung Ihrer Aufregung erinnert Sie an ähnliche Situationen in Ihrer Vergangenheit, an die Möglichkeit durchzufallen und an die Angst davor. Ihre Gedanken beginnen, um die Angst zu kreisen, und Ihre

Aufregung steigt. Ihnen fallen kaum noch sinnvolle Antworten auf mögliche Fragen ein. Der Zweifel am Gelingen steigt in Ihnen auf: „Ich schaffe es ja doch nicht. Vielleicht fällt mir plötzlich gar nichts mehr ein." Ihre Schultern sinken mutlos herab, der Oberkörper ist gebeugt, Sie blicken zu Boden. Nehmen wir nun an, Sie erinnern sich in dieser Situation an eine Prüfung, die Sie glanzvoll bestanden haben. Ihnen wird bewußt, daß Sie sich damals auch nicht besser vorbereitet hatten und daß der Lernstoff heute genauso klar umrissen ist wie bei dieser Prüfung. Die Ihnen damals nach Bestehen der Prüfung ausgehändigte Urkunde steht vor Ihrem inneren Auge, und Sie erahnen wieder das begleitende Glücksgefühl. Sie vergegenwärtigen sich die Anerkennung und das Bedürfnis, ausgelassen zu sein und zu feiern. Sie erinnern das Kribbeln im Nacken und das befreiende Lachen. Ihre Haltung strafft sich. Sie sagen sich: „Warum nicht. Mal sehen. Ich geh' einfach rein." Das geänderte Empfinden wird sicher nicht Ihr prüfungsbezogenes Wissen vergrößern, aber Sie werden in einem Zustand sein, der es Ihnen erlaubt, Ihr Wissen bestmöglich zu nutzen.

Das gezielte Verwenden von Kraftquellen ist eine sehr alltägliche Form der Problembewältigung. Man stellt sich Bilder der Familienangehörigen an den Arbeitsplatz, um in den bestehenden Anforderungen des Berufslebens an den Schonraum und die Geborgenheit der Familie erinnert zu sein. Man hängt sich Urlaubsfotos mit den schönsten Erlebnissen an die Wand, um etwas von der Ruhe oder dem Glücksgefühl wachzurufen. In Phasen der Traurigkeit oder des Selbstzweifels läßt man vielleicht die Höhepunkte seines Lebens wie in einem Film vorbeiziehen. Nimmt man zu diesem Grundmuster noch die Möglichkeit hinzu, die die Entspannung und die Innenwendung des autogenen Trainings eröffnen, so entsteht ein sehr hilfreicher und sicherer Lösungsweg. Wie mehrfach erwähnt, gewinnen Vorstellungen in der Innenwendung eine besondere Lebhaftigkeit und entfalten dadurch eine unmittelbare psychosomatische Wirkung. Weit besser als über die einfache Erinnerung können wir uns in der Innenwendung über die Vorstellung einer früheren positiven Situation in das gewünschte psychosomatische Zustandsbild versetzen.

Bereiten Sie sich auf eine Problemsituation vor. Wählen Sie die Kraftquelle, die der Bewältigung der Problemsituation angemessen erscheint, und arbeiten Sie die Bestandteile des lösungsbezogenen Zustandsbildes möglichst fein heraus.

Lesen Sie sich anschließend den von Ihnen ausgefüllten Beschreibungsbogen für das positive Zustandsbild durch, und rufen Sie sich eine typische Situation in Erinnerung, in der Sie eindeutig in diesem Zustandsbild waren. Leiten Sie über das autogene Training einen Entspannungszustand ein. Gegen Ende der Übung, wenn Sie die Innenwendung vertieft haben, gehen Sie mit Ihrer Phantasie in die ausgewählte Situation. Vergegenwärtigen Sie sich alle Einzelheiten des zugehörigen Zustandsbildes. Gehen Sie besonders intensiv in die Vorstellung der Körpergefühle hinein. Suchen Sie sich ein auf das Zustandsbild bezogenes Symbol. Dies kann die Vorstellung eines Gegenstandsbildes, einer Farbe oder unmittelbar die Vorstellung eines der Körpergefühle sein. Für das Glücksgefühl nach der Prüfung wurde in der oben kurz umrissenen Geschichte zum Beispiel ein Kribbeln im Nacken erwähnt. Ein solches Symbol kann der Schlüssel zu dem gewünschten lösungsbezogenen Zustandsbild werden. Führen Sie, bevor sie tatsächlich in die Problemsituation gehen, eine derartige Übung mehrfach durch, und vergegenwärtigen Sie sich jedesmal auch das gewählte Symbol. In der Problemsituation selbst oder kurz vorher führen Sie die Kurzübung des autogenen Trainings durch und richten Ihre Aufmerksamkeit nach dem sechsten Ausatmen auf das Symbol. Lassen Sie sich von der positiven Wirkung überraschen.

Übertragen auf das Bild der sich in einer Landschaft bewegenden Kugel wird durch die Vorstellung der Einzugsbereich des Lösungszustandes ausgeweitet. Die Wahrscheinlichkeit steigt, daß sich das Verhalten in Richtung auf das gewünschte Ziel verändert. Vorstellungen sind Wirklichkeiten. Die Vorstellung der Gesundheit ist ein Teil der Gesundheit. Die Vorstellung der zukünftigen Bewältigung einer gestellten Aufgabe ist ein Teil der Bewältigung usw.

Umdeutungen

Ein anderer erfolgreicher Weg der Veränderung zum Positiven ist die Umdeutung. In ihr gerät die Kugel des Erlebens und Verhaltens gewissermaßen in verstärkte Eigenbewegung, und verblüffende Einsichten und Aussichten eröffnen sich. Jede wahrgenommene Situation ist bereits eine mit Bedeutung versehene und bewertete Situation. Erinnern Sie sich an das Beispiel im Abschnitt „Sichtweisen". Nur mit den Fingern angeklammert unter einer Felsplatte zu hängen ist ein Zustand äußerster körperlicher Anspannung. Wie die Situation erlebt wird, hängt jedoch sehr von der Bedeutung ab, die sie für die Person hat. In außergewöhnlichen Fällen kann die gleiche Situation sogar entweder Todesangst oder Lebenslust hervorrufen, je nachdem wie sie zustandegekommen ist und bewertet wird. Ähnliches gilt für jede erlebte Gegebenheit. Immer bestimmen auch die Bewertungen, die Vorgeschichte und die vermuteten Folgen die Wahrnehmung eines Ereignisses. Stellen wir uns vor, dem verunglückten Bergsteiger würde es unter der Felsplatte hängend gelingen, seine Situation in den Höhepunkt einer Klettertour umzudeuten – eine solche Umdeutung macht natürlich nur dann Sinn, wenn keine Verletzungen vorliegen und seine Fähigkeiten im freien Klet-

tern im Grunde für den Schwierigkeitsgrad der Situation ausreichen –, die Todesangst könnte sich in reine Lebenslust wandeln. Viele Menschen, die zufällig in Situationen außergewöhnlicher Bedrohung gekommen sind, berichten tatsächlich von der Möglichkeit eines solchen erstaunlichen Wechsels der Erlebnisqualität.

Wählen wir einige etwas weniger spektakuläre Beispiele für den gleichen Vorgang. Stellen Sie sich eine Person vor, die auf engstem Raum mit einer Zahl spielender und lärmender Kinder versucht, aufmerksam ein Buch zu lesen. Faßt sie den Lärm der Kinder als Ausdruck von Ungehorsam oder als bewußtes Ärgern auf, wird sie kaum imstande sein weiterzulesen. Über kurz oder lang wird sie sich aufregen und die Kinder zurechtweisen. Faßt die Person den gleichen Lärm aber als ein Zeichen von Lebensfreude und gesunder Entwicklung auf, wird sie sich nicht aus der Ruhe bringen lassen. In entsprechenden Versuchen ist beispielsweise bei Müttern festgestellt worden, daß die Streßwirkung von Kinderlärm bis hin zu körperlichen Auswirkungen von der Einstellung zum verursachten Lärm bestimmt wird.

Niemand wird behaupten, daß es möglich sei, in der Einflugschneise eines Flughafens ungestört zu wohnen, wenn man nur die entsprechende Umdeutung anwende. Aber in vielen Fällen des Alltags ist Umdeutung hilfreich, sinnvoll und möglich. Der Chef schaut einem wieder einmal während der Arbeit über die Schulter; ist es Kontrolle oder wohlmeinendes Interesse? Der Nachbar hat abermals den Wagen vor der falschen Garage geparkt; ist es Schikane oder einfach Gedankenlosigkeit? Man hat ein weiteres Mal eine zusätzliche Arbeit übernommen; ist es die Unfähigkeit, nein zu sagen, oder die Fähigkeit, sich zu begeistern? Man hat sich wieder einmal ausgerechnet an den ersten Ferientagen eine Erkältung zugezogen; ist es das vorzeitige Ende des wohlverdienten Urlaubs oder ein

Hinweis darauf, wie wichtig es ist, ganz genüßlich auszuspannen? Wie so oft muß der Partner bei dem Bericht über ein Mißgeschick an der völlig falschen Stelle lachen; ist es Unverständnis und Bosheit oder die Aufforderung, Abstand zu nehmen und alles humorvoller zu sehen? Wichtig ist bei jeder Umdeutung, daß man die angeregte andere Sichtweise nachvollziehen kann. Sicherlich ist es in manchen Situationen nicht sinnvoll umzudeuten. Aber häufig sind gut und böse, hell und dunkel durchaus zwei mögliche und richtige Bedeutungen eines einzigen Sachverhalts.

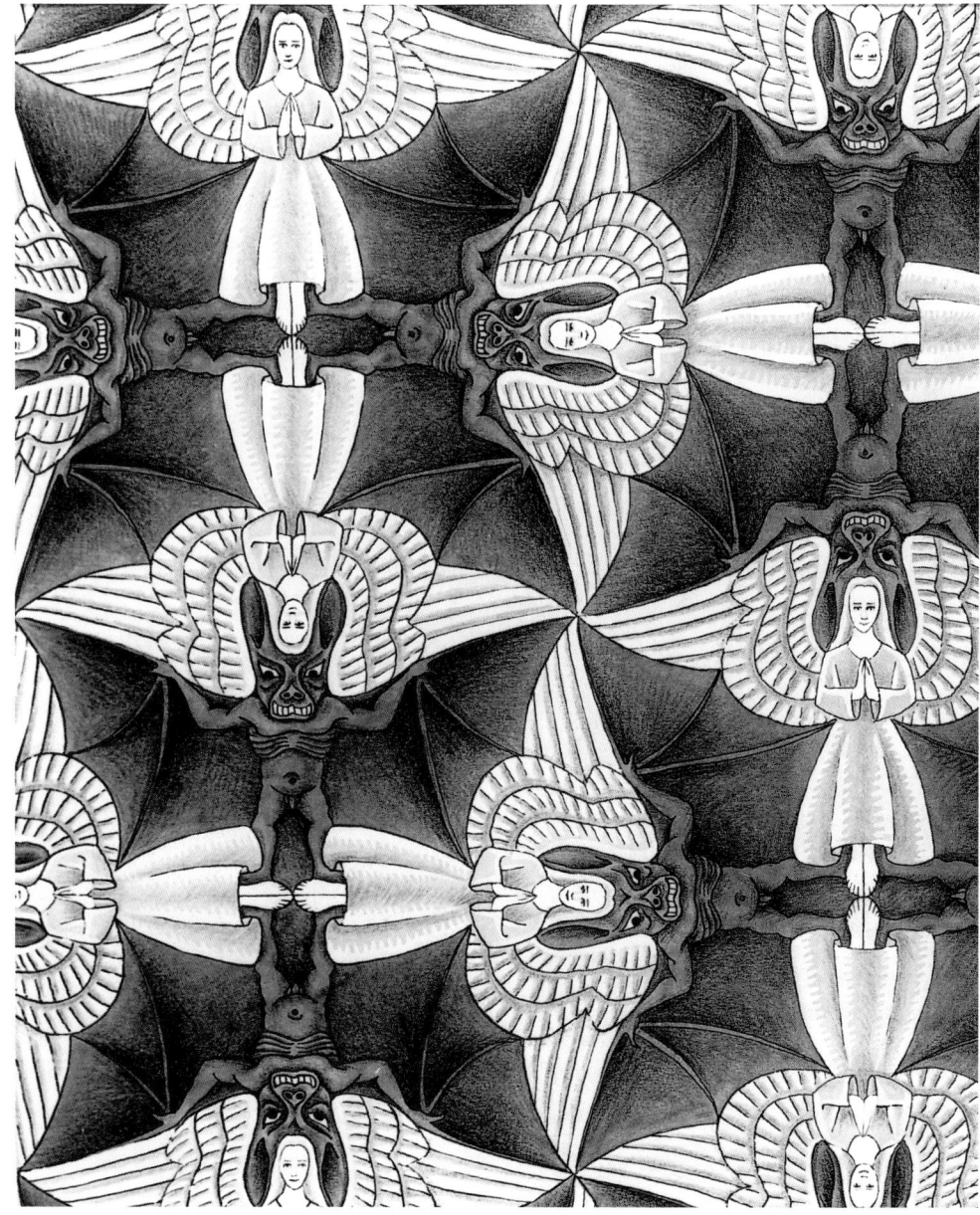

74   © 1960 M. C. Escher/Cordon Art – Baarn – Holland

Ob alt oder jung ist nicht selten reine An-
sichtssache. Die Dinge ändern sich mit der
Erwartung. Was man wahrnimmt, hängt
auch von den eigenen Gedanken ab.

Die jeweilige Vorgeschichte, die Richtung,
aus der heraus man etwas betrachtet, ist
daran beteiligt, wie es erlebt wird. Eine bestimmte Deutung wird lange beibehalten.

Plötzlich verändert sich alles, und man gewinnt ein ganz neues Verständnis. Die Kugel des Erlebens und Verhaltens ist in ein anderes Tal gerollt.

Holzschnitt (1934) von Karl Rössing (Ausschnitt)

Mitunter verbergen sich in altbekannten Ansichten bislang unentdeckte Einsichten. So befindet sich im Bild oben in der linken Astgabel des linken Baumes der Fisch über dem Angler; der Kopf des Fisches zeigt senkrecht nach unten, die Schwanzflosse bildet einen Teil der Baumkrone dieses Baumes.

Die Möglichkeiten der Umdeutung in verschiedenen Zusammenhängen auszuprobieren, ist reizvoll und stellt eine wichtige Hilfe bei der Bearbeitung von Problemen und dem Finden von Lösungen dar. Ungewöhnliche Blickwinkel oder ausgefallene Standpunkte einzunehmen, kann man üben wie jede andere Fähigkeit. Versuchen Sie zum Beispiel, bewußt auf Doppeldeutigkeiten in der Sprache zu achten („Lieber arm dran als Bein ab.", „Eine Lebensaufgabe sollte nicht zur Lebensaufgabe werden." usw.) Oder stellen Sie sich einmal eine Liste der Eigenarten und Verhaltensweisen zusammen, die Sie am wenigsten an sich mögen, und versuchen Sie – Eigenart für Eigenart, Verhaltenweise für Verhaltensweise – eine für Sie selbst positive Umdeutung zu finden. „Ich bin faul" wird vielleicht zu „Ich besitze die Fähigkeit, unangemessenen Leistungsanforderungen aus dem Wege zu gehen". „Ich bin ängstlich" kann auch heißen „Ich habe die Fähigkeit, Bedrohungen feinfühlig wahrzunehmen und mich rechtzeitig zu schützen". „Ich bin unbeherrscht" bedeutet eventuell auch die „Fähigkeit, eigene Aufregung unmittelbar mitzuteilen" usw. Viele Eigenarten oder Verhaltensweisen, die man eigentlich nicht an sich mag, erfüllen dennoch in bestimmten Situationen einen positiven Zweck. Diesen zu erkennen ermöglicht es, sich gezielt andere Wege auszudenken, die zum gleichen Ziel führen, aber von einem selbst und den Mitmenschen besser angenommen werden können. In diesem Sinne ist die Umdeutung eines Problems bereits ein Lösungsweg.

Leitsätze

Vielleicht ist Ihnen bei der Beschreibung des Leistungs- und des Erholungszustandes oder bei den verschiedenen negativen und positiven Alltagssituationen bereits aufgefallen, welche Macht Worte über die Vorstellung und das Erleben haben können. Wenn man zum Beispiel die ausführliche und lebhafte sprachliche Darstellung einer unangenehmen oder angenehmen Situation nachvollzieht, stellen sich mitunter unwillkürlich entsprechende Empfindungen ein. Sprache ist der allgemeinste symbolische Zugang zu psychosomatischen Zustandsbildern. Im autogenen Training werden daher die einzelnen Übungen von sprachlichen Formeln begleitet.

Machen Sie zur Veranschaulichung des beschriebenen Zusammenhangs den folgenden kleinen Versuch:

Decken Sie zuerst die obere der beiden Listen ab. Lesen Sie sich die untere, nicht abgedeckte Liste mehrfach laut vor, und achten Sie auf die Gefühle und Gedanken, die Sie während des Lesens und danach haben. Schauen Sie im Anschluß ein wenig in Ihrer Umgebung herum, und lassen Sie sich ablenken. Decken Sie dann die untere Liste zu und die obere Liste auf. Lesen Sie sich auch die obere Liste mehrfach halblaut vor, und

achten Sie wieder auf die Gefühle und Gedanken, die Sie während des Lesens und danach haben.

dunkel
zu
hart
schwer
trüb
tief
schwarz
unten
starr
gedrückt
eng
zäh
schroff
niedrig
kalt
muffig
ätzend
gebrochen
rauh
herunter

hell
offen
weich
leicht
klar
hoch
weiß
oben
fließend
frei
weit
locker
geschmeidig
erhaben
warm
duftig
mild
rund
seidig
herauf

Vielleicht haben Sie einen Unterschied bemerkt. Läßt man Personen nach dem Lesen solcher oder ähnlicher Wortreihen beschreiben, wie sie sich fühlen, dann werden sie, je nach Liste von eher negativen oder eher positiven Grundstimmungen berichten. Das einfache Lesen von Worten kann bereits Traurigkeit oder Freude, Gereiztheit oder ein Gefühl ruhiger Ausgeglichenheit hervorrufen.

Wir begleiten unser Handeln oft mehr oder weniger bewußt mit einer Art innerem Zwiegespräch. Wir sprechen uns Mut zu: „Ich schaffe es.", „Es wird gutgehen." usw. Die Bedeutung dieser Selbstgespräche für das psychische Befinden haben Sie vielleicht schon selbst auf die eine oder andere Art erfahren. Wenn wir traurig oder froh sind, haben wir bestimmte Gedanken und benutzen beim inneren Zwiegespräch bestimmte Begriffe: Wir sehen schwarz oder durch eine rosarote Brille. Die inneren Zwiegespräche verstärken Empfindungen, halten uns in bestimmten Zustandsbildern und erlauben es uns, zwischen Sichtweisen zu wechseln. Mitunter können einzelne Sätze oder Worte solcher inneren Zwiegespräche zu festen Bestandteilen unseres Denkens werden. Sie entwickeln sich zu verallgemeinerten Einstellungen, zu Leitsätzen, die den Alltag begleiten. Bezogen auf Leistungssituationen beispielsweise können sie eine grundsätzliche Mißerfolgsbefürchtung hervorrufen oder eine selbstbewußte Erfolgserwartung unterstützen. Leistungssportler berichten eindrücklich von der Bedeutung derartiger Leitsätze. Oft hängt Niederlage oder Sieg nicht allein vom jeweiligen Können, sondern auch von den Inhalten der inneren Zwiegespräche ab. Sprichworte sind nicht selten kulturelle Verfestigungen von verallgemeinerten Einstellungen oder Leitsätzen: „Hochmut kommt vor dem Fall.", „Viel hilft viel.", „Ohne Fleiß kein Preis." usw. Sätze, die zum sich wiederholenden Bestandteil des inneren Zwiegespräches werden, haben einen großen Einfluß auf unser Erleben und Verhalten. Vorstellungen und Leitsätze besitzen die Eigenschaft, sich selbständig zu verwirklichen.

Stellen Sie sich eine Schülerin oder einen Schüler vor, die oder der seit Jahren in der Schule nicht besonders gut abgeschnitten hat. In vielen Zusammenhängen sind bereits negative Einschätzungen von Eltern, Mitschülern und Lehrern recht unverblümt geäußert worden: „Hat keinen Zweck, mangelnde Begabung. Das wird nichts." Die Einschätzungen sind zum Bestandteil der eigenen inneren Zwiegespräche der Schülerin oder des Schülers geworden. Der Leitsatz „Das wird nichts." begleitet jede Vorbereitung auf eine Prüfungssituation. Die Motivation zum Lernen ist von vornherein verschwindend gering und der Mißerfolg letztlich vorherbestimmt. Eine andere Erwartungshaltung, ein anderes inneres Zwiegespräch kann eine ganz andere Ausgangssituation schaffen: „Wenn ich will, schaffe ich es. Ich weiß, daß ich es kann."

Oder stellen Sie sich eine Partnerschaft vor, in der Streit häufig nach einem immer wiederkehrenden Muster abläuft. Schon zu Beginn eines Gespräches macht man sich gegenseitige Vorwürfe. Die Standpunkte sind ebenso eindeutig und bekannt wie scheinbar unabänderlich und unversöhnlich. Oft nehmen die Gespräche wie von selbst an Heftigkeit zu und münden in eine unangenehme Auseinandersetzung. Auf beiden Seiten haben sich Leitsätze entwickelt, mit denen jedes Gesprächsangebot innerlich begleitet wird: „Immer das gleiche Spiel. Wir streiten uns ja sowieso. Es führt zu nichts." Auch hier kann ein anderes inneres Zwiegespräch eine ganz andere Ausgangssituation schaffen: „Wir sind immer für eine Überraschung gut. Alles ist möglich. Ich höre einfach zu."

Nun können eingefahrene innere Zwiegespräche und tief verankerte Leitsätze zumeist nicht einfach abgeschaltet und ausgebildete Erwartungshaltungen nicht ohne weiteres geändert werden. Die über das autogene Training erreichte Innenwendung eröffnet jedoch Möglichkeiten, durchaus gezielt und absichtsvoll einzuwirken. In der Innenwendung wird ein hoher Grad an Aufmerksamkeit erreicht. Vorstellungen gewinnen eine große Lebhaftigkeit, und die Gedanken sind besonders beweglich. Es bestehen Bedingungen, die es erlauben, innerlich vorgesprochene Sätze zu neuen, fest verankerten Leitsätzen zu machen.

In der Innenwendung kann leicht zwischen verschiedenen Zustandsbildern gewechselt werden. Die Kugel des Erlebens und Verhaltens ist in stärkerer Bewegung. Immer, wenn die Kugel in ihrem Lauf die Kuppe eines Hügels erreicht, entsteht eine bemerkenswerte Situation. Auf dem höchsten Punkt ist die Kugel offen für viele verschiedene Bewegungsrichtungen. Winzige Beeinflussungen reichen aus, um zu entscheiden, wohin sie rollt. Kleinste Kräfte entfalten in dieser Entscheidungssituation eine große Wirkung.

Stellen Sie sich zum Beispiel vor, daß Sie Ihren Jahresurlaub planen. Die Entscheidung zwischen dem Gebirge und dem Meer fällt Ihnen schwer, beide Reiseziele erscheinen Ihnen in gleichem Maße attraktiv. Während Sie mit dem Zeigefinger unschlüssig auf der Landkarte herumfahren, läuft im Hintergrund eine Radiosendung, in der Urlauber von ihren Erfahrungen an der Küste berichten. In der Sendung fällt von einem Urlauber der mit dem Brustton der Überzeugung gesprochene Satz: „Nur am Meer erholt man sich richtig." Wenn bereits eine klare Entscheidung zugunsten des Gebirges bestanden hätte, wären Sie kaum von dieser Aussage beeinflußt worden. In der Entscheidungssituation aber kann bereits dieser vielleicht völlig nebenbei wahrgenommene Satz das Pendel eindeutig in Richtung Urlaub am Meer ausschlagen lassen. Unter bestimmten Bedingungen werden einfache Worte zu Worten, die wirken. Wenn Sie sich nun, während einer tiefen

Entspannung, in der Innenwendung befinden, wird einerseits allen Gedanken eine besondere Aufmerksamkeit zuteil und andererseits ist Ihre Phantasie angeregt. Ihre Kugel läuft gewissermaßen leicht und beweglich durch die Landschaft Ihrer Möglichkeiten. Alles, was Sie währenddessen zu sich selbst sagen, hat auf besondere Art die Tendenz, Kraft zu entfalten. Sie können Leitsätze verankern, die Ihre inneren Zwiegespräche und damit Ihr Erleben und Verhalten in eine von Ihnen gewünschte Richtung hin beeinflussen. In der Innenwendung verankerte Leitsätze wirken in den Alltag hinein. In der Innenwendung verankerte Leitsätze gleichen Einstellungen, die über eine lange Zeit einmal erworben wurden und fester Bestandteil des Denkens geworden sind.

Die Verankerung von Leitsätzen in der Innenwendung ist die Grundidee der *formelhaften Vorsatzbildung* im autogenen Training. Zusammengefaßt beruht die Wirksamkeit formelhafter Vorsätze auf drei Prinzipien:

1. Worte, Gefühle und Körperzustände sind aneinander gekoppelt. Sprache wirkt wie ein allgemeines Symbol für psychosomatische Zustandsbilder.
2. Innere Zwiegespräche haben wie Vorstellungen die Tendenz, sich zu verwirklichen. Leitsätze sind Selbstbeeinflussungen.
3. In der beweglichen und aufmerksamen Situation der Innenwendung besteht eine besondere Beeinflußbarkeit. In der Innenwendung können kleine Ursachen eine große Wirkung entfalten.

Im autogenen Training werden formelhafte Vorsätze als Zusatzübung nach den sechs Grundübungen eingeführt. Zuerst entwickelt man einen Leitsatz, der die gewünschte positive Veränderung beschreibt. In gleicher Weise wie die Formeln der Grundübungen wird der Leitsatz im autogenen Training mehrfach innerlich vorgesprochen. Da die Wirkung des formelhaften Vorsatzes an die vertiefte Innenwendung gebunden ist, wird die Aufmerksamkeit erst im Zustand weitgehender Entspannung auf den entwickelten Leitsatz gelenkt. Der Leitsatz kann für einige Wochen oder länger zum festen Bestandteil des autogenen Trainings werden. Die Wirkung solcher Leitsätze oder formelhafter Vorsätze ist dann häufig sehr beeindruckend.

Suchen Sie sich ein Verhalten, eine Empfindung oder eine Erwartung aus, die Sie positiv entwickeln möchten. Gestalten Sie einen Leitsatz, der Ihre guten Absichten ausdrückt. Aus der langen Erfahrung, die mit der Verwendung formelhafter Vorsätze schon besteht, haben sich einige Regeln herauskristallisiert, die bei der Gestaltung von Leitsätzen sinnvollerweise prinzipiell zu berücksichtigen sind. Die Leitsätze sollen …

1. … Ihrem eigenen Bedürfnis entsprechen. Die eigene Motivation für die angestrebte Veränderung ist eine wesentliche Voraussetzung für die Wirksamkeit formelhafter Vorsätze. Wählen Sie keine formelhaften Vorsätze, hinter denen Sie nicht selbst stehen können.

2. … auf ein klar umgrenztes Ziel gerichtet sein. Leitsätze können sich nur dann verwirklichen und zu erlebbaren Änderungen beitragen, wenn der angestrebte Zielzustand eindeutig ist. Leitsätze sollten kurz und eindrücklich sein.

3. … positiv formuliert sein. Formelhafte Vorsätze richten sich nicht an unser logisches Denken. Verneinungen wirken nicht als eigenständige Symbole. Bei dem Satz „Ich habe keine Angst." setzt sich in der Vorstellung der Begriff „Angst" durch. Der Leitsatz sollte daher positiv gestaltet sein: „Ich bin mutig."

4. … in der Gegenwartsform stehen. Formelhafte Vorsätze werden zum Bestandteil des inneren Zwiegespräches und entfalten ihre Wirkung unmittelbar im Alltag. Zukunftsbezogene Formeln wären zu unverbindlich. Der Zeitpunkt der Änderung bliebe unbestimmt. Auch bei den Grundübungen des autogenen Trainings wurden gegenwartsbezogene Formeln verwandt („Der Körper ist schwer.", „Der Körper ist warm.").

5. … bildhaft und anregend sein. Worte wirken zusätzlich vermittelt über die von ihnen hervorgerufenen Vorstellungen. Vergleiche und Assoziationen können die Wirkung eines Leitsatzes erhöhen: „Mutig wie ein Löwe.", „Leicht wie eine Feder.".

6. … möglichst rhythmisch oder in Versform gestaltet werden. Rhythmisch gestaltete Sätze oder Verse haben einen hohen Erinnerungswert. Manche Eselsbrücke aus der Schulzeit vergißt man sein Leben lang nicht, nur weil sie in Reimform verfaßt ist: „Wer nämlich mit h schreibt, ist dämlich."

7. … eher ein Lächeln hervorrufen. Wie allgemein im autogenen Training wird auch die formelhafte Vorsatzbildung mit einer spielerischen Grundhaltung und einem vergnügten Augenzwinkern geübt. Es geht um Lösungen. Humorvoller Abstand ist ein guter Lehrer: „Mut tut gut.", „Drauf und dran, frisch voran.", „Hoch-Mut kommt vor dem Erfolg.".

Wenn Sie die Angewohnheit haben, schnell zu sprechen, könnte ein Leitsatz etwa lauten: „Ich rede ruhig." Oder wenn Sie sich im Straßenverkehr überfordert und angespannt fühlen, sagen Sie sich: „Auf Straßen und Gassen ruhig und gelassen." usw. Beispiele für Leitsätze sollen hier bewußt nicht umfangreicher gegeben werden. Ihre eigenen Gestaltungen sind immer die besten. Beginnen Sie Ihre Erfahrungen mit der formelhaften Vorsatzbildung anhand eines Ziels von persönlich eher geringer Bedeutung. So fällt es Ihnen leichter, eine spielerische Haltung zu bewahren. Gestalten Sie sich auf der Grundlage der angeführten Regeln einen Leitsatz, mit dem Sie zufrieden sind. Sprechen Sie sich den Satz in der Innenwendung mehrfach innerlich vor. Machen Sie ihn über eine längere Zeit hinweg zum Begleiter Ihrer Entspannungsübungen. Schreiben Sie sich Ihren Leitsatz vielleicht auch auf eine der zugehörigen Begleitkarten (siehe Seite 108). Nehmen Sie die Karte im Alltag ab und zu in die Hand, und erinnern Sie sich an Ihren Leitsatz. Beobachten Sie die auftretenden Veränderungen. Wenn Sie erste Erfahrungen gewonnen haben, gehen Sie auf weitere Ziele zu.

Zur Beschreibung menschlichen Erlebens und Verhaltens können unterschiedliche Modellvorstellungen herangezogen werden. Manche Theorien gehen davon aus, daß der Mensch von seinen Umweltgegebenheiten gesteuert wird. Andere wiederum halten innere Triebenergien für die bestimmenden Kräfte. Dem vorliegenden Ratgeber liegt eine andere Vorstellung zugrunde – nach ihr ordnet sich das Erleben und Verhalten selbsttätig wie der Lauf einer bewegten Kugel in einer Landschaft mit vielen Hügeln und Tälern. Die Landschaft beschreibt alle Möglichkeiten und Zustände, die im Erleben und Verhalten eingenommen werden können. Diese Landschaft verändert sich durch Lernen. Der jeweilige Ort, an dem sich die Kugel gerade befindet, beschreibt den aktuellen psychosomatischen Zustand. Ein Problemzustand ist ein Tal, in dem sich

die Kugel fängt. Eine Problemlösung ist der Wechsel in ein anderes Tal. Solche Wechsel können auf verschiedenen Wegen unterstützt und angeregt werden. Die Lösung ist immer Teil der Möglichkeiten des jeweiligen Menschen. Hilfe ist letztlich immer Selbsthilfe.

Eine Voraussetzung für die Gestaltung von Lösungswegen kann es sein, die verschiedenen Zustandsbilder in der Landschaft der eigenen Möglichkeiten genau zu erkunden. Es gibt problemorientierte und lösungsorientierte Zustandsbilder. Die Vorstellung eines lösungsorientierten Zustandsbildes kann helfen, mit einem Problem fertigzuwerden. Solche Zustandsbilder sind Kraftquellen der positiven Veränderung. Ein anderer Weg der Veränderung liegt in der bewußten Umdeutung problematischer Erlebensformen oder Verhaltensweisen. Die Umdeutung regt die Phantasie an, öffnet den Blick für Lösungen und kann die Erlebnisqualitäten von Zustandsbildern beeinflussen. Problemzustände verlieren ihre Bedrohlichkeit. Eine dritte Art von Lösung, die eng mit dem autogenen Training verbunden ist, ist die formelhafte Vorsatzbildung. In der Innenwendung der vertieften Entspannung werden lösungsorientierte Leitsätze verankert. Die Leitsätze beinhalten ein gewünschtes Ziel und wirken über das Prinzip sprachlicher Selbstbeeinflussung.

10 Wegweiser

„Daß jeder alles kann, erscheint uns un-
möglich. Darauf kommt es aber gar nicht
an. Wichtig ist vielmehr, daß wir eine Viel-
zahl von Fähigkeiten entfalten können,
wenn wir ihnen nur Raum und Zeit geben."

Norfrat Peseschkian

Die Grundübungen des autogenen Trainings, die Erweiterungen und zusätzlichen
Lösungswege helfen Ihnen, Ihr Wohlbefinden zu erhöhen. Neben den beschriebenen
Übungen, die den Zustand der Innenwendung in der Entspannung erzeugen oder auf
ihm aufbauen, lassen sich zusätzlich einige
einfache Regeln benennen, die sich als
nützliche Wegweiser zu einer gesunden und
persönlich förderlichen Lebenspraxis erwiesen haben. Diese Regeln entfalten ihre
positive Kraft zum Teil in Verbindung mit
dem autogenen Training oder auch als einfache Leitgedanken des Handelns. Versuchen Sie, sich im Alltag an diese Wegweiser zu erinnern und sie umzusetzen. Vielleicht nehmen Sie sich sogar vor, einzelnen
Regeln an bestimmten Tagen besonders zu
folgen. Stecken Sie sich als Unterstützung
die jeweils zugehörigen Begleitkarten
(siehe Seite 107) ein, um im Laufe des
Tages ab und zu an Ihren Vorsatz erinnert
zu werden.

Zielbezogen sein

→ Vorstellungen ordnen das Erleben
und Verhalten in Richtung auf die
Verwirklichung ihrer Inhalte. Dieses Grundprinzip ist ein wesentlicher Bestandteil des autogenen Trainings. Die Vorstellung von Schwere führt zur Entspannung der Muskeln und zum Gefühl der
Schwere. Die Vorstellung von Wärme bewirkt die Weitung der Blutgefäße und das
Gefühl von Wärme usw.
Im Bereich des psychosomatischen Zusammenhangs können Vorstellungen viel zur

Gesundheit beitragen. Aber auch das alltägliche Handeln wird beeinflußt durch die Vorstellungen, Einstellungen und Erwartungen, mit denen wir das ständige Handeln begleiten.

Der Psychologe Robert Rosenthal hat in beeindruckenden Experimenten den Verwirklichungsdrang von Vorstellungen, Einstellungen und Erwartungen aufgezeigt. In einem Versuch wurde beispielsweise eine Schulklasse willkürlich in zwei Gruppen aufgeteilt, die in bezug auf ihre Begabung gleich waren. Dem Lehrer machte man jedoch glaubhaft, daß die Einteilung aufgrund von Ergebnissen eines Intelligenztests zustande gekommen sei: Die eine Gruppe wurde ihm als besonders begabt vorgestellt, während die andere angeblich eine ganz unterdurchschnittliche Intelligenz besaß.

Ein Intelligenztest nach einem größeren Zeitabstand ergab, daß die zufällig der „begabten" Gruppe zugeteilten Schüler sich nun tatsächlich „intelligenter" verhielten als die „unbegabten" Schüler. Wahrscheinlich hatte der Lehrer aufgrund der vorgegebenen Beurteilung und der damit entstandenen Erwartungshaltung den „Begabten", ohne es selbst zu bemerken, bessere Lernbedingungen geboten. Die Vorstellung des Lehrers hat die Voraussetzungen zur Verwirklichung des behaupteten Unterschiedes geschaffen. Diese als „selbsterfüllende Prophezeiung" bezeichnete Wirkung wurde in vielfältigen zwischenmenschlichen Zusammenhängen nachgewiesen.

Wenn man sich in seiner Vorstellung vornehmlich bei bedrängenden Problemen aufhält, können diese unter Umständen im Sinne einer selbsterfüllenden Prophezeiung verstärkt oder mitunter sogar erst richtig hervorgebracht werden. Angst vor dem Versagen ist ein bekanntes Beispiel für diesen Zusammenhang. Die Kugel des Erlebens und Verhaltens gräbt sich immer tiefer in einen unerwünschten Zustand unter den vielen möglichen Tälern der psychischen Landschaft ein. Sicherlich ist es wichtig und richtig, die Probleme, die einen bedrängen, wahrzunehmen und sie auch zu verstehen.

Sind die Probleme erkannt, können wir uns jedoch helfen, wenn wir uns in unserer Vorstellung ausgiebig mit wünschenswerten Lösungen und erstrebenswerten Zielzuständen befassen.

Stellen Sie sich zum Beispiel vor, daß Sie Probleme mit dem Einschlafen haben. Schon, wenn Sie nur daran denken, zu Bett zu gehen, steigen Ihnen die Bilder durchwachter Nächte auf. Endlose Stunden, die begleitet sind von dem Gefühl, um die so dringend benötigte Erholung betrogen zu werden. Sie sehen die Zeiger der Uhr vor sich, die unerbittlich die noch verbleibenden kostbaren Stunden vernichten. Sie erahnen den kalten Schweiß auf der Haut und die Mattigkeit, die das Dämmern des Morgens begleitet. Die Vorstellung, sich ein weiteres Mal völlig unvorbereitet den Anforderungen des Tages stellen zu müssen, erstickt die vage Hoffnung auf Schlaf. Häufig kreisen Ihre Gedanken wie von allein und auch ohne direkten Anlaß um Ihre Schlaflosigkeit. Nehmen Sie nun an, es geschieht ein Wunder: All Ihre Schlafprobleme sind mit einem Schlag beseitigt. Woran würden Sie diese Änderung bereits vor dem Zubettgehen erkennen? Woran würden Sie am Morgen feststellen, daß Sie sich in der Nacht in vollem Umfang erholt haben? Woran würden Ihre Familienangehörigen oder Ihre Arbeitskollegen merken, daß Sie gut geschlafen haben? Woran würden Sie erkennen, daß Sie sicher sein können, auch weiterhin auf angenehme Art den Übergang in den Schlaf zu finden, wann immer Sie wollen?

Die Frage nach dem Wunder, das Ihre Probleme löst, eröffnet die Vorstellungswelt, die mit der Lösung verbunden ist. Ihr Ziel tritt in den Vordergrund und wird zur lebendigen Phantasie. Das Bett ist ein angenehmer Ort der Ruhe und der geborgenen

Wärme, in den Sie sich zurückziehen wie in Kindertagen. Beim Einschlafen sind die Gedanken noch kurz bei den Ereignissen des Tages, bevor sie verblassen und in eine bewegliche Folge unscharfer Eindrücke übergehen. Der Schlaf kommt unmerklich und ganz von selbst. Sie sind gelöst und entspannt. Der Morgen weckt Sie aus samtigem Dunkel, und Traumteile halten Sie noch für eine kurze Weile in ihrem Bann. Die Muskeln beleben sich. Sie haben das Bedürfnis, sich zu recken und zu strecken. Sie atmen tief und blinzeln. Der Tag erwartet Sie, und Sie freuen sich auf ihn. Seine Anforderungen an Sie sind die gleichen wie früher, aber Sie fühlen sich ihnen besser gewachsen. Ihre Umgebung findet Sie verträglicher. Sie haben den Eindruck, ruhiger zu sein und mit mehr Abstand an alles heranzugehen usw.

Die Beschreibung des anzustrebenden Zielzustandes fällt besonders leicht, wenn man sich die Frage nach dem verändernden Wunder stellt. Probieren Sie es bei eigenen Problemfeldern aus. Wenn es Ihnen gelungen ist, die Veränderungen, die mit dem Zielzustand einhergehen, zu benennen, gestalten Sie alle Einzelheiten in der Vorstellung möglichst lebhaft aus. Je genauer Sie den Zielzustand erfassen, desto näher sind Sie seiner Verwirklichung. Die Lösung von Problemen steht und fällt häufig mit der Vorstellung des gewünschten Zieles. Fragen Sie sich, woran Sie und Andere die vollzogenen positiven Veränderungen bemerken werden.

Vielleicht benutzen Sie die Innenwendung im autogenen Training, um sich den Zielzustand auszumalen. Fragen Sie sich auch nach Teilzielen, nach kleinen Veränderungsschritten, an denen Sie frühzeitig die beginnende Lösung erkennen werden. Je mehr mögliche Teilziele Sie genau beschreiben können, desto leichter wird es Ihnen fallen, Ihre Motivation für den großen und weitreichenden Lösungsweg aufrechtzuerhalten.

Kraftquellen nutzen

 Kraftquellen sind lösungsorientierte Zustandsbilder. Vielleicht haben Sie sich anhand des Erhebungsbogens für Zustandsbilder bereits einige dieser Kraftquellen in der Landschaft der eigenen Möglichkeiten und Erfahrungen bewußtgemacht. Wie Sie die Kraftquellen im Zusammenhang mit der Innenwendung im autogenen Training zur Lösung von Problemsituationen nutzen können, haben wir auf Seite 71 bis 73 beschrieben. Der Grundgedanke des gezielten Einsatzes eigener Kraftquellen läßt sich über diese Anwendung hinaus verallgemeinern.

Eine Anregung zum guten Umgang mit sich selbst, die in engem Zusammenhang mit der bewußten Wahrnehmung eigener Kraftquellen steht, ist das Prinzip der Würdigung der eigenen Fähigkeiten, Erfolge und positiven Entwicklungen. Im Ablauf des Alltags geht man oft zu schnell über Ereignisse hinweg, die die eigenen Fähigkeiten erfahrbar machen, und verharrt bei Fehlern und Unzulänglichkeiten. Zu Beginn dieses Ratgebers wurde darauf hingewiesen, daß es eine Eigenart unseres Kulturkreises ist, eher problem- als lösungsorientiert zu sein. Man wird in der Tat – sei es im Berufsleben, oder auch im privaten Bereich – häufiger auf die Dinge aufmerksam oder auf sie hingewiesen, die nicht zufriedenstellend verlaufen, als auf die Dinge, die gelingen. Gesundheit setzen wir als selbstverständlich voraus. Krankheit ist etwas Besonderes. Pflichterfüllung halten wir fast immer für selbstverständlich, Verweigerung fordert dagegen unseren Widerspruch heraus usw.

Nehmen Sie sich einmal die Zeit, aufzuschreiben, was Sie für Ihre Schwächen halten. Schreiben Sie danach Ihre Stärken auf. Was fällt Ihnen leichter? Wo fällt Ihnen auf Anhieb mehr ein? Jeder, der mit Kindern zu tun hat, weiß, daß Lob für das Lernen wichtiger ist als Tadel. Lernen ist ein Vorgang, der geradezu an Bestätigung gebunden ist. Es ist schon erstaunlich, wie oft diese einfache Weisheit unbeachtet bleibt. Machen Sie es sich zur Aufgabe, im Umgang mit anderen und im Umgang mit sich selbst Fähigkeiten, Bereitschaft und Bemühen bewußt und umfassend zu würdigen. Scheuen Sie nicht davor zurück, auch Ihre positiven Eigenschaften, Ihre Kenntnisse und Fertigkeiten mitzuteilen. Selbstbewußtsein ist keine Eitelkeit. Stellen Sie Ihr Licht nicht unter den Scheffel. Wer sich selbst akzeptiert, kann auch die Fähigkeiten des anderen besser wahrnehmen und zulassen. Menschen, die Ihnen in irgendeinem Zusammenhang übergeordnet sind, genießen Ihre Bestätigung ebenso wie Gleichberechtigte, Untergebene oder Schutzbefohlene. Schaffen Sie um sich herum eine Atmosphäre, die getragen ist von der gegenseitigen Freude an persönlicher Entwicklung und an Wachstum.

Am Ende vieler Lehrgänge und Ausbildungen steht eine Urkunde. Ihre Verleihung ist ein altes und schönes Ritual der Würdigung. Mit einer Urkunde werden das Bemühen und der Erfolg bestätigt und in eine sichtbare, dauerhafte Form gebracht. Eine Urkunde ist gewissermaßen ein haltbar gemachtes Lob und in diesem Sinne symbolische Vergegenständlichung eigener Kraftquellen. Wenn man eine Urkunde nach Jahren wieder in die Hand nimmt, spürt man oft noch die Freude über die nachgewiesene Fähigkeit.

Auf dem Weg zum Wohlbefinden ist auch von Bedeutung, sich und anderen im direkten oder im übertragenen Sinn, Positives zu beurkunden. Setzen Sie sich deshalb am Ende eines Tages hin, und schreiben Sie auf, was Ihnen in seinem Verlauf gelungen ist. Bestätigen Sie sich am Ende eines Lernprozesses das Erreichte. Vereinbaren Sie mit sich selbst eine Belohnung, die Sie sich gönnen, wenn Sie ein Ziel erreicht haben. Gratulieren Sie anderen auch zu unüblichen Anlässen. Geben Sie Ihrem Dank für Unterstützung oder Entgegenkommen Ausdruck. Finden Sie für Ihre Würdigung ruhig eine besondere, ungewöhnliche Form, die in Erinnerung bleibt.

Die Nutzung von Kraftquellen setzt sich zusammen aus der Wahrnehmung eigener wie fremder Fähigkeiten und aus der Erinnerung an Situationen, in denen Sie mit sich und Ihren Möglichkeiten rundherum zufrieden waren. Die Wahrnehmung von Fähigkeiten und die Erinnerung an positive Abschnitte des Lebens kann so zu einem selbstverständlichen Bestandteil Ihres Alltags werden. Die Nutzung von Kraftquellen ist eine wichtige Komponente auf dem Weg zum Wohlbefinden.

Wenn Sie das autogene Training bereits einige Zeit geübt und wenn Sie Erfahrungen in der Umsetzung von Wegen zum Wohlbefinden gesammelt haben, nehmen Sie sich auch die Zeit, diese Lernschritte zu würdigen. Erinnern Sie sich an die Antworten, die Sie sich zur eigenen Standortbestimmung (siehe Seite 18 bis 19) gegeben haben. Welche Ihrer Erwartungen und Wünsche haben sich bis jetzt schon erfüllt? Wie gut sind Sie heute in der Lage, sich zu entspannen? Schauen Sie sich Ihre Rückmeldebögen (siehe Seite 96 bis 106) an. Vielleicht stellen Sie sich für Ihren Lernerfolg auch einmal eine Urkunde aus, einen Vorschlag dazu finden Sie auf Seite 109.

Perspektiven wechseln

Im Abschnitt „Umdeutungen" (siehe Seite 69 bis 74) wurde ausdrücklich auf den Umstand eingegangen, daß jede erlebte Situation bereits mit persönlichen Bedeutungen und Bewertungen belegt ist. Jede Wahrnehmung ist in diesem Sinne nicht die Abbildung von etwas Vorgegebenem, sondern immer auch eine Deutung, eine eigene Konstruktion. Situationen des täglichen Lebens können häufig geradezu völlig gegensätzlich bewertet werden. Was für den einen höllischer Lärm ist, stellt für den anderen vielleicht musikalischen Hochgenuß dar. Was für den einen schlicht ungepflegt aussieht, bedeutet für den anderen den letzten Schrei eines ausgeklügelten Modebewußtseins. Die Maßstäbe der Bewertung sind letztlich immer individuell. Selbst da, wo wir ohne Hinterfragen der gleichen Meinung sind wie andere, kann diese Übereinstimmung auf den eigenen Kulturkreis beschränkt sein. Ein wesentliches Merkmal der Toleranz ist die Fähigkeit, die eigene Perspektive zu verlassen und andere Standpunkte einzunehmen oder zu anderen Sichtweisen überzugehen. Im Umgang mit den Mitmenschen weist die Umdeutung einen Königsweg zum gemeinsamen Wohlbefinden. Dabei ist es keineswegs das Ziel, Widersprüche und Auseinandersetzungen grundsätzlich zu vermeiden, sondern sie sollen durch ein vertieftes gegenseitiges Verständnis entschärft und auf Lösungen gerichtet werden.

Ebenso, wie manche Eigenschaften, die wir an uns selbst nicht mögen, dennoch einen positiven Sinn haben können, sind auch viele Verhaltensweisen anderer Menschen, die uns stören oder sogar verletzen, durchaus oft von einer guten Absicht getragen. Versetzen Sie sich in Ihre Kindertage zurück: Gerade das Verhalten von Erziehenden liefert für diese Aussage reichlich Beispiele. Bei genauerem Hinsehen wird es Ihnen aber auch leichtfallen, Situationen aus Ihrer Partnerschaft, dem Freundes- und Bekanntenkreis oder aus dem Berufsleben zu benennen, die dem gleichen Muster folgen. Selbst, wenn eine positive Absicht beim besten Willen nicht zu erkennen oder hineinzudeuten ist, mag es im Sinne der selbsterfüllenden Prophezeiung sinnvoll sein, eine positive Absicht zu unterstellen. Ein Leitsatz von Mahatma Gandhi, dem großen indischen Menschenfreund und Freiheitskämpfer lautet: „Sieh nichts Böses, hör nichts Böses, sag nichts Böses." Als

Symbol für diesen Leitsatz bewahrte Gandhi unter seiner geringen Habe eine kleine Skulptur von drei Affen auf, von denen sich einer die Augen, einer die Ohren und einer den Mund zuhält.

Stellen Sie sich zum Beispiel vor, daß Ihr Partner Sie jedesmal, wenn Sie das Haus verlassen, auffordert, genau anzugeben, wann Sie zurück sind. Wenn Sie dann etwas zu spät kommen, macht Ihnen Ihr Partner aufgebracht bittere Vorhaltungen. Sicherlich können Sie sich kontrolliert und gemaßregelt fühlen. Vielleicht finden Sie jedoch einen Weg, das Sicherheitsbedürfnis Ihres Partners zu befriedigen oder gemeinsam ein befreiendes Grundvertrauen zu entwickeln, wenn Sie Ihrem Partner zeigen, daß Sie seine Fürsorge zu schätzen wissen und sich durch sein Verhalten eher aufgewertet fühlen.

Wenn es Ihnen in einem Zusammenhang völlig unmöglich erscheint, irgendeine positive Umdeutung vorzunehmen, und wenn Sie sich in eine scheinbar unausweichlich wiederkehrende Form der Auseinandersetzung eingebettet sehen, dann können Sie Bewegung und Entwicklung erzeugen, wenn Sie einem der Umdeutung verwandten Wegweiser folgen: Tun Sie in besagter Situation einfach etwas ganz anderes als bisher; überraschen Sie; seien Sie ein wenig unwahrscheinlich. Ihr neues Verhalten muß nicht besser sein, nur anders. Erinnern Sie sich wieder an das Bild der Kugel in der Landschaft: Lösungen entstehen über Bewegung.

Die Umdeutung kann auch in engem Zusammenhang mit dem Nutzen von Kraftquellen gesehen werden. Stellen Sie sich etwa einen Mitarbeiter in einer Firma vor, der seinen Kollegen dadurch auf die Nerven fällt, daß er ständig an allem etwas auszusetzen hat und es mit allem übergenau nimmt. Im Bereich der Produktion kann dieser Mitarbeiter mit seiner Genauigkeit sehr störend sein. In der Endkontrolle, in der es vor allem um das letzte Ausmerzen von Fehlern geht, ist der gleiche Mitarbeiter von unschätzbarem Wert. Die Fähigkeit zur Umdeutung macht mitunter aus einem Problem eine Kraftquelle und befähigt zum richtigen Handeln.

Gedanken lenken

 Eine Art, sich länger als nötig und sinnvoll in problembezogenen Zustandsbildern aufzuhalten, ist das Grübeln. Stellen Sie sich vor, Sie hatten einen Streit, oder ein Erfolg, der Ihnen wichtig gewesen wäre, ist nicht eingetreten, weil Sie sich ungeschickt verhalten haben. Noch Stunden danach gehen Ihnen alle Argumente und Gegenargumente des Streites durch den Kopf, oder Sie erleben Ihr Ungeschick in Gedanken immer wieder. Auf diese Art wird aus einem kurzen, unangenehmen Ereignis eine dauerhafte Verstimmung. Der psychosomatische Zusammenhang zwischen Vorstellungen, Gedanken und Körperzuständen läßt Sie die negative Aufregung der längst vergangenen Situation immer wieder aufs Neue empfinden. Derartige Kreisläufe sind nicht selten die Ursache für ernste Krankheiten, da sie das Gleichgewicht von Anspannung und Entspannung stören, die Anspannung wird dauerhaft. Das autogene Training bietet hier die Möglichkeit, einen Gedankenstop herbeizuführen, der das unsinnige Grübeln unterbricht. Wenn Sie bemerken, daß Ihre Gedanken und Vorstellungen immer wieder wie von selbst auf eine unfruchtbare Art zu einer Problemsituation zurückkehren, beginnen Sie eine Entspannungsübung. Benutzen Sie als Einstieg in die Entspannungsübung eventuell die „Augen-Innen-Oben-Stellung" (siehe Seite 56). Die positive Wirkung der Entspannungsübung beruht im Zusammenhang mit dem Gedankenstop auf zwei Prinzipien: Zum einen sorgt die Gewohnheit, die Sie im autogenen Training ausgebildet haben, dafür, daß sich Ihre Ge-

danken und Vorstellungen ausschließlich auf die zur Entspannung gehörenden Körperempfindungen richten, zum anderen schließt die körperliche Entspannung ganz prinzipiell Zustandsbilder von Aufregung und Anspannung aus. Gedanken und Vorstellungen, die mit Aufregung und Anspannung gekoppelt sind, verlieren an assoziativer Unterstützung.

Neben dem Gedankenstop stellt die Verwendung von Leitsätzen – entweder in Verbindung mit dem autogenen Training (formelhafte Vorsatzbildung) oder auch ohne den so eingeleiteten Entspannungszustand – eine weitere wirksame Form dar, Gedanken zu lenken.

Im Gegensatz zum Gedankenstop dienen Leitsätze der Vorbereitung zukünftiger und nicht der Bewältigung vergangener Situationen. Leitsätze beeinflussen das innere Zwiegespräch, mit dem wir unser Handeln häufig begleiten, sie verändern das Denken und Handeln im Sinne einer sich selbst erfüllenden Prophezeiung.

Sich Zeit lassen

 Leitsätze, die bewußt oder unbewußt unser Handeln beeinflussen, finden häufig einen Ausdruck in Sprichworten, Schlager- oder Werbetexten. Eine Gruppe solcher Leitsätze beschreibt eine Haltung, die der Schnellebigkeit der modernen Industriegesellschaft entspringt: „Zeit ist Geld.", „Ich will alles, ich will alles, und zwar sofort.", „Genuß sofort." usw. Dies alles suggeriert: Geduld ist Schwäche; nur der unbedingte, durchsetzungsbereite Leistungswille zählt; das eigene Ziel wird notfalls auch gegen widrige Bedingungen mit der Gewalt des Tüchtigen angestrebt. Wir folgen der tief im westlichen Denken verankerten Aufforderung: „Machet euch die Erde untertan."

In der östlichen Philosophie dagegen zum Beispiel, im Zen-Buddhismus, wird für den

Begriff Stärke ein ganz anderes Bild gewählt: Stärke ist dort die Verbindung von Zielbewußtheit und Nachgiebigkeit. Zum Vergleich wird oft das Wasser herangezogen – es folgt immer der Schwerkraft; es ist nachgiebig und beweglich und setzt sich dennoch gegen jeden Widerstand durch; es verändert die Landschaften mehr als irgendeine andere Kraft. Das Bild des Wassers verkörpert eine innere Einstellung, die vielleicht sogar die wesentlichste Unterstützung auf dem Weg zu einer gesunden und persönlich förderlichen Lebenspraxis darstellt. Wenn Sie sich das Bewußtsein für Ihre persönlichen Lebensziele erhalten, wenn Sie sich ab und zu der Frage nach dem Sinn des Lebens stellen, können Sie es sich erlauben, in den alltäglichen Dingen nachgiebig zu sein. Die Vorstellung des Zieles ordnet das Handeln in Richtung auf seine Verwirklichung. Die Kraft des Wassers entsteht aus der Tatsache, daß es seine Richtung nicht verliert: Das Wasser folgt beharrlich der Schwerkraft. Bei Widerständen sucht es sich einen neuen Weg und findet auch den kleinsten Durchlaß. Das Bewußtsein des Zieles erlaubt es, sich Zeit zu lassen. Viele Auseinandersetzungen, die mit großer Härte geführt werden, entstehen aus dem Gefühl, sich unmittelbar durchsetzen zu müssen. Dem ungeduldigen Handeln fehlt die Gewißheit des eigenen Zieles. Haben Sie schon einmal beobachtet, wie Steine, die auf dem Eis liegen, mit der Zeit von ganz allein in das Eis einsinken? Beharrlichkeit hat mitunter mehr Durchsetzungskraft als selbst große Energie, die kurzfristig freigesetzt wird.

Fragen Sie sich bei Auseinandersetzungen deshalb stets, ob Sie diese führen, um ein Ziel zu erreichen, oder ob Sie einfach im Augenblick überlegen sein wollen. Wenn Sie das Bild des Wassers zur Richtschnur Ihres Handelns machen, wird es Ihnen gelingen, eine auch für andere positive Atmosphäre zu verbreiten. Sie müssen Widerstände nicht brechen, sondern gehen mit den Möglichkeiten, die sich Ihnen anbieten, positiver um. Widerstände können auch Kraftquellen sein. Der Leitsatz, dem Sie folgen sollten, wird etwa lauten: „Und bist du nicht willig, so brauch' ich Geduld."

Vorausschauen

 Die Vorstellung des Zieles beschreibt den Endpunkt eines Weges. Für die zielgerichtete Ordnung des Handelns und für die eigene Motivation ist es jedoch sinnvoll, sich neben der Vorstellung des Zieles auch eine genaue Vorstellung vom Weg selbst zu machen. Wie sieht der Weg aus, der zurückzulegen ist? Welche Teilziele lassen sich ausmachen? Spitzensportler trainieren ihre Bewegungsabläufe auch zuerst in der Vorstellung. Skifahrer zum Beispiel rufen sich alle Teile einer Slalomstrecke oder einer Abfahrt ganz genau in Erinnerung, bevor sie tatsächlich losfahren. Diese Form des inneren Übens und der inneren Vorbereitung auf eine Aufgabe nennt man mentales Training. Es verbessert bei Sportlern die Feinabstimmung der Bewegungen und erhöht die Reaktionsbereitschaft. Die genaue Vorstellung einer zu fahrenden Strecke erlaubt es dem Skifahrer, sich bereits auf eine Schwierigkeit der Landschaft einzustellen, bevor dieser Punkt erreicht ist. Das Prinzip der Vorwegnahme in der Vorstellung, die Idee der inneren Vorausschau, ist nicht nur im Sport, sondern ganz allgemein von großem Nutzen.

Stellen Sie sich vor, Sie haben einen Tag mit einer ganzen Reihe von unterschiedlichen Aufgaben vor sich. Wenn Sie einfach in den Tag hineingehen, kann es ein, daß Sie nach einer Weile nur noch hinter den sich aneinanderreihenden Anforderungen herlaufen. Ihr Handeln wird zu einem reinen Reagieren. Häufig entsteht in solchen Situationen ein Gefühl der Belastung und Überforderung. Nehmen Sie sich deshalb am Anfang eines Tages oder vor einer bestimmten Aufgabe Zeit, in Ihrer Vorstellung das Bevorstehende durchzuspielen. Machen Sie sich Ihre Ziele klar. Stellen Sie sich die Reihenfolge vor, in der Sie die Dinge angehen wollen. Vergewissern Sie sich der Fähigkeiten, die Sie in dem speziellen Zusammenhang einsetzen werden. Sie können und sollen keine Einzelheiten vorwegnehmen, aber Sie werden den großen Rahmen nicht aus dem Auge verlieren und feststellen, daß Sie auf vieles doch gut vorbereitet sind. Vorausschauen setzt Kräfte frei für das spielerische Eingehen auf Unvorhergesehenes. Besonders lebhaft und wirkungsvoll ist das Vorausschauen, wenn Sie es in die Innenwendung der Entspannung einbetten. Gehen Sie über das autogene Training in die Innenwendung, und richten Sie Ihre Aufmerksamkeit auf die Vorstellung der zu erwartenden Geschehnisse. Neben der vorausschauenden Vorbereitung und in Verbindung mit ihr ist noch eine weitere nützliche Regel für den Umgang mit den Anforderungen des Alltags zu nennen: Vermeiden Sie es, bestimmten Situationen aus dem Weg zu gehen. Vielleicht sehen Sie beim Vorausschauen etwas auf sich zukommen, dem Sie am liebsten ausweichen würden. Überlegen Sie gut, inwieweit die Situation eigentlich, trotz Ihrer Abneigung, für Sie wichtig ist. Besteht für Sie ein tragfähiger Grund, sich dem Unangenehmen auszusetzen, dann tun Sie es möglichst. Das Vermeiden unangenehmer Situationen birgt die Gefahr in sich, daß Sie Ihre Freiräume zunehmend einschränken. Dauerhaftes Vermeiden ist eine der häufigsten Ursachen für übergroße und behindernde Ängste.

Stellen Sie sich in diesem Zusammenhang eine Person vor, die, seitdem sie einmal gebissen wurde, Angst vor Hunden hat. Auf dem Weg zum Einkaufen oder zur Arbeit achtet sie stets darauf, mögliche Begegnungen mit Hunden vorherzusehen und ihnen aus dem Weg zu gehen. Zu Beginn ist die Angst vielleicht noch relativ gering, und der Person stehen noch viele Wege offen. Der tatsächliche Kontakt mit Hunden nimmt jedoch mehr und mehr ab, und die Angst wird nicht mehr auf ihre eigentliche Berechtigung überprüft. Immer häufiger kreisen die Gedanken dieser Person vor dem Verlassen ihres Hauses um die Möglichkeit einer Begegnung mit einem Hund. In der Selbstverstärkung von Vorstellung und Vermeidung steigt die Angst. Nach einiger Zeit hat sich die Zahl der für unbedenklich gehaltenen Wege immer stärker eingeschränkt. Die Person ist zunehmend bereit, selbst große Umwege in Kauf zu nehmen, um weitgehend sicher zu sein, daß sie keinem Hund begegnet. Aus einer Ängstlichkeit ist unmerklich eine sehr stark einschränkende und nicht mehr sinnvoll begründbare Angst geworden. In einem frühen Stadium kann sie noch leicht zum Verschwinden gebracht werden, wenn man versucht, häufig und gezielt vorbereitet auf den Auslöser der Angst zuzugehen. Sucht die Person zum Beispiel Freunde auf, die einen Hund haben, der nicht aggressiv ist, hat sie die Möglichkeit, in einer entspannten Atmosphäre die Berechtigung ihrer Angst zu überprüfen.

Angstauslösende Situationen wirken häufig wie der Scheinriese in dem Kinderbuch „Jim Knopf und Lukas der Lokomotivführer" von Michael Ende. Der Scheinriese hat die Eigenschaft, nur aus der Entfernung wie ein Riese auszusehen und beim Näherkommen auf normale Größe zu schrumpfen. Je ferner man manchen bedrohlich scheinenden Situationen bleibt, desto erschreckender wirken sie. Vorausschauen und der Mut zum näheren Hinsehen sind deshalb hilfreiche Wegweiser für einen entspannten Umgang mit den Anforderungen des eigenen Lebens.

Verhalten neutral wahrnehmen

 Jede Wahrnehmung beinhaltet auch bereits eine Bedeutungszuweisung und eine Bewertung des Wahrgenommenen. Diese Aussage trifft zwar grundsätzlich zu, es gibt allerdings verschiedene Bewertungsebenen, in die in unterschiedlichem Ausmaß ganz persönliche Einstellungen und Erwartungen mit eingehen. Wenn man zum Beispiel einen anderen Menschen in seinem Verhalten beobachtet, kann man entweder versuchen, möglichst weitgehend nur das Verhalten aufzunehmen und zu beschreiben, oder man fügt bereits Deutungen der Stimmungen und Absichten hinzu. Diese Deutungen sind wohl eine der häufigsten Quellen für die unterschiedlichsten zwischenmenschlichen Mißverständnisse und die verschiedensten Probleme.

Stellen Sie sich vor, Sie haben ein sehr intensives Gespräch mit einer befreundeten Person. Unter anderem werden einige Vorwürfe laut. Sie weisen darauf hin, daß sie oder er zum wiederholten Male eine Absprache nicht eingehalten hat. Unvermittelt beendet Ihre Freundin oder Ihr Freund das Gespräch und rennt ohne Erklärung eilig aus dem Zimmer. Mehrere Türen fallen laut ins Schloß. Die Freundin oder der Freund verläßt das Haus, aber nach einigen Minuten klingelt sie oder er wieder an der Eingangstür.

Sie sind sehr verunsichert und machen ihr oder ihm Vorhaltungen, daß es nicht nötig war, so beleidigt zu reagieren, und daß es eine Unart ist, einfach davonzulaufen, wenn man sich in die Enge getrieben fühlt. Ihre Freundin oder Ihr Freund wird über die Begrüßung ärgerlich, und erst nach einigen Stunden finden Sie heraus, daß ihr oder ihm eigentlich nur eingefallen war, das Licht am Wagen angelassen zu haben, das ausgemacht werden muß.

Meist ist man sich über Deutungen, die man zur Erklärung eines Verhaltens heranzieht, ganz sicher, denn Wut, Beleidigtsein, Freude und Enttäuschung usw. kann man ja schließlich sehen.

Versuchen Sie einmal in verschiedenen Situationen, Aktivitäten Ihrer Mitmenschen ohne Deutung zu beschreiben, denn Wut, Beleidigtsein oder Freude kann man eben nicht sehen. Was man sieht, sind körperliche Veränderungen oder Verhaltensweisen, von denen wir aus Erfahrung wissen oder zu wissen glauben, daß sie mit bestimmten Gefühlen einhergehen. Jede Deutung ist gewissermaßen eine eigene Theorie. Wissenschaftler müssen sich bemühen, den Einfluß theoretischer Erwartungen auf gemessene Daten möglichst gering zu halten. Persönliche Verzerrungen sollen verringert werden. Aber auch für das tägliche Miteinander kann es wichtig und nützlich sein, genau zwischen den persönlichen Deutungen und den einfachen Gegebenheiten zu unterscheiden. Mitunter hat es eine sehr befreiende Wirkung, wenn es gelingt, sich in Streitsituationen oder angesichts einer Bedrohung auf die Beschreibung des unmittelbaren Geschehens zu beschränken. Persönliche Deutungen sollen für einen selbst und für die anderen Menschen auch als Deutung erkennbar bleiben. Statt Beleidigtsein zu unterstellen, kann man nachfragen, warum der Raum verlassen und die Tür laut zugeschlagen wurde. Der große Wert dieses Wegweisers wird deutlich, wenn man ihn eine Weile konsequent umsetzt. Sie werden zwar weniger häufig das Gefühl haben, die Menschen unmittelbar zu verstehen. Aber Sie werden mehr Fragen stellen und letztlich besser nachvollziehen können, was Ihr Gegenüber eigentlich wirklich fühlt, denkt und beabsichtigt.

Im zwischenmenschlichen Bereich ist es manchmal durchaus besser, eine etwas längere Leitung zu haben. „Verstehen" Sie deshalb nicht zu schnell.

Eigenen Maßstäben folgen

 Der Elefant ist das größte zu Lande lebende Tier. Er hat keine natürlichen Feinde, nur der Mensch kann ihm gefährlich werden. Die Tatsache, daß es sich der Elefant leisten kann, völlig unbeeindruckt von Umweltgegebenheiten seinen Weg zu gehen, mag ein Grund für das Sprichwort sein, nach dem Elefanten eine „dicke Haut" haben. Übertragen auf den Menschen bedeutet diese Eigenschaft, sich nicht schnell von Geschehnissen oder Meinungen anderer beeindrucken zu lassen. Im negativen Sinn ist diese Eigenschaft ein Mangel an Sensibilität und Bereitschaft, sich auf andere einzustellen. Im positiven Sinn bezeichnet die dicke Haut die Fähigkeit, weitgehend den eigenen Maßstäben zu folgen und sich nicht von kurzfristigen Beeinflussungen ablenken zu lassen.

Stellen Sie sich eine Situation im Beruf oder im Privatleben vor, in der Sie gebeten werden, eine zusätzliche Arbeit zu übernehmen. Durch Ihre momentanen Bedingungen sind Sie schon sehr stark eingespannt und teilweise bis an die Grenzen Ihrer Möglichkeiten gefordert. Die Bitte um Unterstützung, die wortreich und überzeugend an Sie herangetragen wird, ist schmeichelhaft und mit Gewinn verbunden. In einer solchen Situation kann es für Sie sehr sinnvoll sein, nein zu sagen. Stellen Sie sich vor der Entscheidung die Frage, inwieweit die Unterstützung, die Sie leisten sollen, Ihren eigentlichen Zielen oder Wertmaßstäben entspricht. Machen Sie sich klar, welche Bedeutung eine Zu- oder Absage für Sie hat. Eine gute Form, sich über die eigenen Motive Klarheit zu verschaffen, liegt in dem Gedankenexperiment, anzunehmen, daß Sie für Ihre Unterstützung keinerlei Anerkennung oder Belohnung zu erwarten haben.

Als besonderes Beispiel für eigenmotivierte Tätigkeit werden häufig Künstler, wie der französische Maler Paul Gauguin angeführt, die ohne jede öffentliche Anerkennung und teilweise sogar unter dem Spott ihrer Zeitgenossen eine bestimmte Malweise entwickelt und persönlich vervollkommnet haben. Das Leben wäre ein sehr einsamer Weg, wenn man diese Form der Selbstbestimmtheit zum Ideal erheben würde. Die Fähigkeit, eigenen Maßstäben zu folgen, und eine weitreichende Offenheit und Sensibilität für die Meinungen und Bedürfnisse der anderen schließen einander nicht zwingend aus. Die Aufforderung, den eigenen Maßstäben zu folgen ist eigentlich ein Hinweis, sich die eigenen Ziele und Wertvorstellungen ständig neu bewußtzumachen. Versuchen Sie, mit sich selbst im Einklang zu sein. Sagen und meinen Sie nein, wenn Sie es sagen, und wenn Sie ja sagen, sollten Sie es auch meinen.

Bedingungen gestalten

 Es gibt viele Hinweise und Anregungen dafür, wie man durch geänderte Einstellungen oder Sichtweisen besser mit den persönlichen Problemen umgehen kann. Das eigene Wohlbefinden hängt sehr stark von den Deutungen und Wertungen ab, mit denen man seine Lebensbedingungen belegt. Neben der Umdeutung und Neubewertung ist es wichtig, die Möglichkeit der Gestaltung von Bedingungen nicht aus dem Auge zu verlieren. In vielen Fällen ist es nicht die Seite des persönlichen Empfindens, der Erwartungen und Denkmuster, die hauptsächlich zur Problemlösung beitragen kann, sondern sehr häufig geht es direkt um die aktive Veränderung von Gegebenheiten über zielgerichtetes Handeln. Bei aller Faszination, die die Kraft der psychischen Selbstbeeinflussung besitzt, ist es immer noch näherliegend, einen Baum zu suchen, um Schatten zu finden, als sich in der prallen Sonne Kühlung vorzustellen.

Versuchen Sie nicht, sich mit dem Mittel des autogenen Trainings oder mit Hilfe der weiteren Lösungswege und Wegweiser auszubeuten und über das sinnvolle Maß hinaus Leistung zu zeigen. Eine Entspannungsübung ist immer die zweitbeste Methode der Förderung einer gesunden Lebensführung. Der beste Weg liegt in der Gestaltung menschengerechter Bedingungen. Sicherlich ist es für einen Schichtarbeiter hilfreich, seinen durcheinandergeratenen Schlafrhythmus mit Hilfe des autogenen Trainings zu regulieren; die Frage nach der Notwendigkeit der Schichtarbeit stellt sich jedoch für ihn weiter. Natürlich hilft es, sich über formelhafte Vorsätze auf eine Prüfung vorzubereiten; gute Arbeitsbedingungen während der Lernzeit sind aber dennoch unverzichtbar. Jeder, der unter Anspannung steht, sollte hier und da den inneren Abstand zu den Belastungen des Alltags erhöhen; aber muß denn der Alltag so belastend sein? Wenn der Schuh drückt, ist es nicht immer die einzige Lösung, die Zehen zu amputieren. Manchmal kann man sich einfach neue Schuhe beschaffen.

Die Ansicht, daß es das Ziel sei, sich mit den Möglichkeiten des autogenen Trainings besonders anpassungsfähig zu machen, würde völlig an der Absicht dieses Ratgebers vorbeigehen. Das autogene Training und die zusätzlichen Wege zum Wohlbefinden erfüllen ihren Sinn nur in Verbindung mit dem ernsthaften Bemühen um eine bewußte Gestaltung der eigenen Lebensbedingungen.

Sich pflegen

 Zur bewußten Gestaltung gesunder Lebensbedingungen gehört besonders ein liebevoller Umgang mit dem eigenen Körper; er ist ein Tempel und keine Maschine. Körper und Geist sind eine Einheit. Wenn Sie Ihren Körper vernachlässigen, vernachlässigen Sie sich selbst. Körperpflege wird oft gleichgesetzt mit Reinlichkeit, aber sie ist viel mehr. Körperpflege reicht von der gesunden Ernährung bis zum sportlichen Ausgleich und zur bewußten Entspannung.

Tips für eine so verstandene Körperpflege gibt es reichlich. Hier sollen deshalb nur zwei Aspekte noch einmal gesondert angesprochen werden.

Ein Hinweis, dem leicht zu folgen ist und der für das Wohlbefinden großen Nutzen bringt, ist der, regelmäßig Wasser oder reine Fruchtsäfte zu trinken. Führen Sie Ihrem Körper stets ausreichend Flüssigkeit zu. Zwei Liter am Tag, die Sie zusätzlich zu den Flüssigkeitsmengen der Nahrung zu sich nehmen, sind genügend. Streß führt zur Austrocknung und zur Verdickung des Blutes. Ein einfacher Weg, sich schnell wohler zu fühlen, ist tatsächlich die ausreichende Flüssigkeitsversorgung. Wasser ist – aus verschiedenen Gründen – innerlich wie äußerlich ein wesentlicher Bestandteil der Körperpflege.

Die vielleicht wichtigste Voraussetzung für körperliches und geistiges Wohlbefinden stellt der harmonische Wechsel von Leistung und Erholung, Anspannung und Entspannung dar. Sorgen Sie immer für ausreichend Schlaf. Gönnen Sie sich im Tagesverlauf immer wieder auch Augenblicke der Ruhe und Selbstbesinnung. Hier hat das autogene Training allergrößte Bedeutung.

Wenn Sie viele Tätigkeiten verrichten, bei denen Sie körperlich nicht beansprucht werden, sorgen Sie für Ausgleich. Bewegen Sie sich. Gehen Sie zum Beispiel regelmäßig schwimmen, oder fahren Sie Rad. Fragen Sie Ihren Arzt, auch ohne daß Sie krank sind, was Sie für Ihren Körper tun können. Manche Krankenkassen bieten zum Beispiel Ernährungsberatung an. Informieren Sie sich und werden Sie aktiv. Entwickeln Sie sich Schritt für Schritt vom passiven Behandelten zum Handelnden im Gesundheitswesen.

Verschiedene einfache Regeln können Ihnen helfen, ein gesundes und Ihnen persönlich förderliches Leben zu gestalten. Sie sind leicht zu erinnern und haben sich bereits durch die Erfahrung vieler Menschen bewährt. Letztlich zeigt sich jedoch der persönliche Nutzen der Regeln erst in ihrer Anwendung im Alltag.

Wir fordern Sie zum Beispiel dazu auf, sich gedanklich und in Ihrer Vorstellung weniger mit Problemsituationen und häufiger mit möglichen Lösungen zu beschäftigen. Fähigkeiten und Erfolge sollen Sie bewußt wahrnehmen und würdigen. Jede Situation können Sie auf mehrere Arten bewerten. Es ist sinnvoll, beweglich und spielerisch zwischen verschiedenen Bewertungen zu wechseln. Die Möglichkeit, ungewöhnliche Standpunkte einzunehmen, erleichtert den Umgang mit schwierigen Bedingungen. Durch die Entspannung, die das autogene Training vermittelt, vermeiden Sie unfruchtbares Grübeln, und die Veränderung des inneren Zwiegespräches in der formelhaften Vorsatzbildung erlaubt Ihnen eine gezielte Selbstbeeinflussung. Im Bewußtsein der eigenen Ziele können Sie sich weich und nachgiebig verschiedenen Gegebenheiten anpassen und sich Zeit lassen. Die Dauer einer Kraft entscheidet mehr über Erfolg als Ihre Stärke. Nicht nur das Ziel, das Sie erreichen wollen, sollte Ihnen bewußt sein, sondern auch der Weg dorthin. Vorausschauen erhöht die Bereitschaft und die Fähigkeit zur Bewältigung von Hindernissen. Auf Probleme zuzugehen, ermöglicht Ihnen Lernen und Wachstum. Im Umgang mit anderen Menschen ist es wichtig, daß Sie die eigenen Deutungen zurückhalten und einfach wahrnehmen, was geschieht. Das Wissen um Ihre eigenen Ziele und Wertmaßstäbe macht es Ihnen möglich, sich von den Ansprüchen der anderen abzugrenzen, wo es notwendig ist. Die Möglichkeiten der psychologischen Erhöhung des Wohlbefindens sind Ergänzungen zur Gestaltung gesunder Lebensbedingungen und zur Pflege des eigenen Körpers.

Bitte nehmen Sie alle Anregungen, die in diesem Ratgeber ausgeführt oder angerissen wurden, zur Grundlage eigener Wege zum Wohlbefinden. Gehen Sie mit den Angeboten im positiven Sinne respektlos um, und hinterfragen Sie, ob sie auf Sie und Ihr Leben passen, seien Sie kritisch. Nur Anregungen, die sich in Ihre Lebenspraxis einfügen lassen, können zur Wirkung kommen. Erhalten Sie sich Ihre Freude beim Aufbruch zu neuen Einsichten und Aussichten, und vertrauen Sie stets auf Ihre Fähigkeiten.

„Für den Optimisten ist das Leben kein Problem, sondern bereits die Lösung."

Marcel Pagnol

Materialien

Wie bei allen im Ratgeber vorgesehenen Antwortbereichen empfiehlt es sich auch für den Umgang mit den folgenden Materialien, die Unterlagen zu kopieren oder auf Papier zu übertragen.

Mehrfach zu benutzende Bögen wie die Rückmeldebögen, die der Selbstbeobachtung dienen, und die Erhebungsbögen für Zustandsbilder können so vervielfältigt werden.

Auf den folgenden Seiten finden Sie:
Erhebungsbogen 1 für Zustandsbilder
Erhebungsbogen 2 für Zustandsbilder
Begleitkarten autogenes Training
Rückmeldebogen Grundstufenübung
Rückmeldebogen Zufriedenheit
Begleitkarten 10 Wegweiser
Begleitkarten zur formelhaften Vorsatzbildung
Würdigung

Erhebungsbogen 1
für Zustandsbilder

Name

Bezeichnung
des Zustandes

Körperhaltung

☐ sitzend   ☐ stehend   ☐ liegend

wie genau:

Brustatmung	Bauchatmung
☐ flach	☐ flach
☐ normal	☐ normal
☐ tief	☐ tief

Puls	Muskeln
☐ beschleunigt	☐ angespannt
☐ normal	☐ normal
☐ verlangsamt	☐ entspannt

Körpergefühl

☐ heiß	☐ hart
☐ warm	☐ steif
☐ lauwarm	☐ biegsam
☐ kühl	☐ fließend
☐ kalt	☐ weich

Körpergefühl…

…im Kopf	…im Brustkorb	…im Leib	
☐	☐	☐	sehr stark
☐	☐	☐	stark
☐	☐	☐	normal
☐	☐	☐	schwach
☐	☐	☐	sehr schwach

Vorstellungen, Bilder

☐ sehr groß	☐ weit entfernt
☐ groß	☐ entfernt
☐ mittel	☐ mittel
☐ klein	☐ nah
☐ sehr klein	☐ sehr nah

☐ sehr klar	☐ sehr farbig
☐ klar	☐ farbig
☐ normal	☐ blaß
☐ unscharf	☐ sehr blaß
☐ sehr unscharf	☐ schwarz/weiß

☐ sehr hell	☐ sehr bewegt
☐ hell	☐ bewegt
☐ normal	☐ normal
☐ dunkel	☐ wenig bewegt
☐ sehr dunkel	☐ unbewegt

☐ Innenperspektive
☐ Außenperspektive

Vorstellungen, Geräusche

☐ sehr laut	☐ sehr bewegt
☐ laut	☐ bewegt
☐ mittel	☐ normal
☐ leise	☐ ruhig
☐ kaum hörbar	☐ sehr ruhig

☐ sehr hoch	☐ Geräusche
☐ hoch	☐ auch Worte
☐ mittel	
☐ tief	
☐ sehr tief	

Ihre eigenen Vorstellungen

Erhebungsbogen 2
für Zustandsbilder

Name _____

Bezeichnung
des Zustandes _____

Typische Begleitgedanken _____

_____

_____

_____

_____

_____

Typische Beispielsituationen _____

_____

_____

_____

_____

_____

Bewertung des Zustandsbildes _____

_____

_____

_____

_____

Begleitkarten autogenes Training

Kopieren Sie sich die folgenden Karten –
wenn möglich auf festeres Papier oder Karton – , und schneiden Sie die Karten aus.
Sie können sich die Karten einstecken, um
die Übungsformeln bei Bedarf auffrischen
zu können. Die unausgefüllte Karte ist für
von Ihnen selbst abgeänderte Formeln gedacht.

Grundübungen AT

Ich bin ruhig, ganz ruhig und
entspannt

 Der Körper ist schwer, angenehm schwer

 Der Körper ist warm, wohlig
warm

 Ich überlasse mich dem Rhythmus des Atems

Der Atem geht ruhig und gleichmäßig

 Der Puls ist ruhig
und fest

 Der Leib ist
strömend warm

 Die Stirn ist angenehm frisch
und klar

Arme fest
tief atmen
Augen auf

Grundübungen AT

_____

_____

_____

_____

_____

_____

Arme fest
tief atmen
Augen auf

Kurzübung AT

sechsmal ausatmen:

schwer

warm

ruhig und entspannt

Leib warm

Kopf kühl

ruhig und entspannt

abschließend tief durchatmen

Rückmeldebogen Zufriedenheit

Name _____

	Montag	
sehr unzufrieden		sehr zufrieden

0	1	2	3	4	5	6	7	8	9	10

	Dienstag	
sehr unzufrieden		sehr zufrieden

0	1	2	3	4	5	6	7	8	9	10

Name _____

Name _____

Mittwoch

| sehr | | | | | | | | | | sehr |
| unzufrieden | | | | | | | | | | zufrieden |

0	1	2	3	4	5	6	7	8	9	10

Donnerstag

| sehr | | | | | | | | | | sehr |
| unzufrieden | | | | | | | | | | zufrieden |

0	1	2	3	4	5	6	7	8	9	10

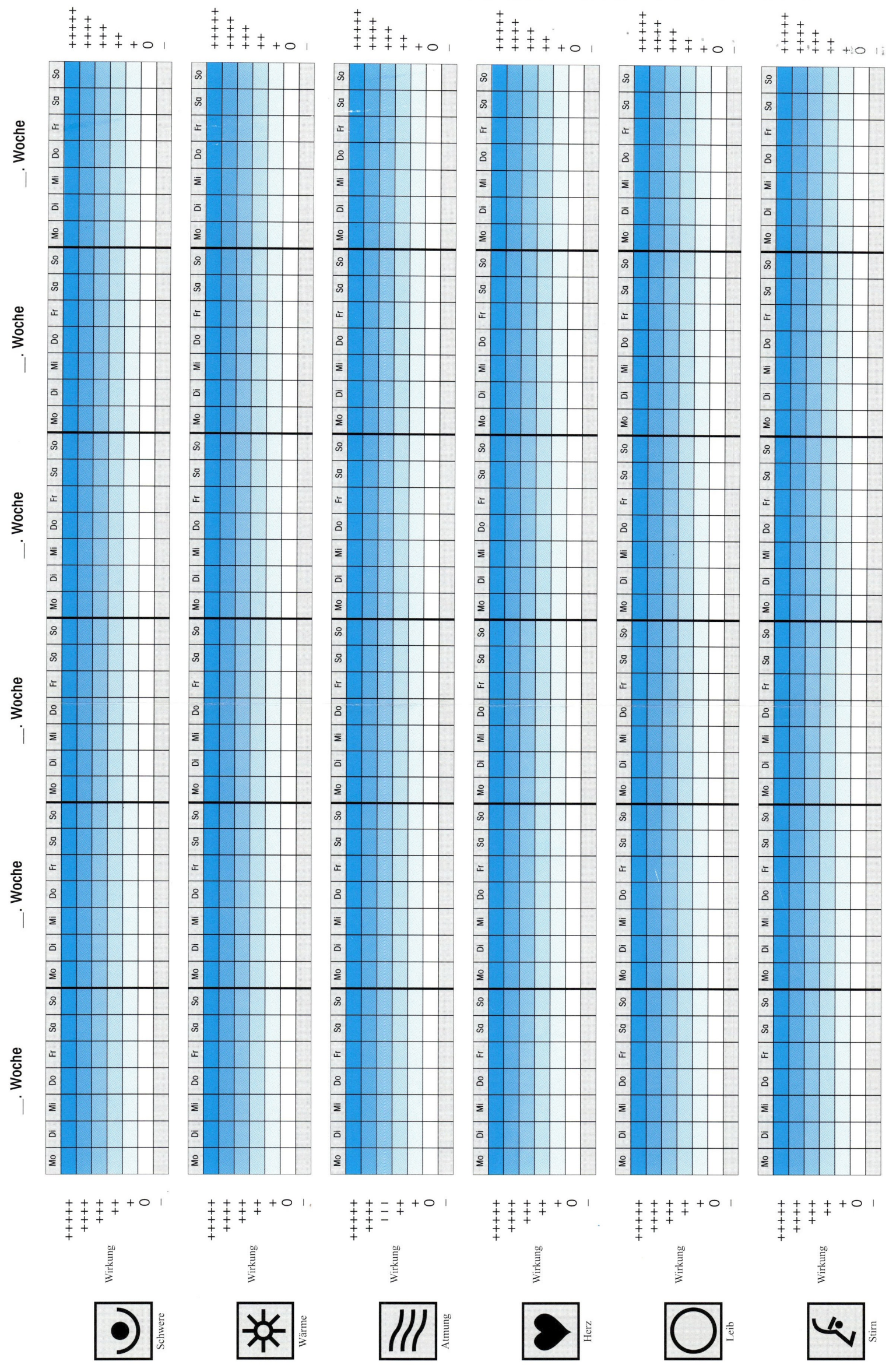

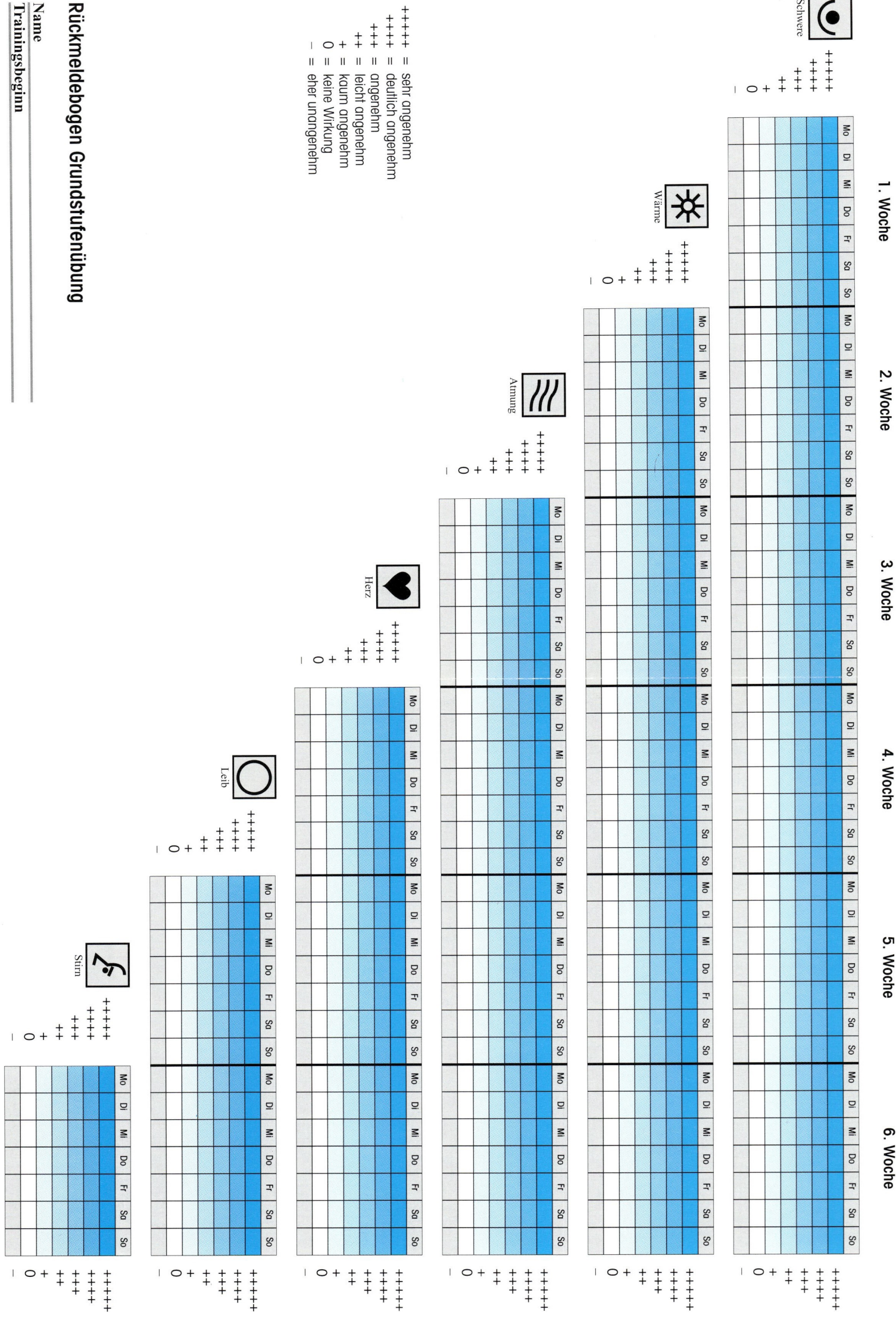

Rückmeldebogen Grundstufenübung

Name

Trainingsbeginn

+++++ = sehr angenehm
++++ = deutlich angenehm
+++ = angenehm
++ = leicht angenehm
+ = kaum angenehm
0 = keine Wirkung
− = eher unangenehm

Schwere · Wärme · Atmung · Herz · Leib · Stirn

1. Woche · 2. Woche · 3. Woche · 4. Woche · 5. Woche · 6. Woche

Mo Di Mi Do Fr Sa So

Name _____

Name _____

Name _____

Freitag

sehr   sehr
unzufrieden   zufrieden

0	1	2	3	4	5	6	7	8	9	10

Samstag

sehr   sehr
unzufrieden   zufrieden

0	1	2	3	4	5	6	7	8	9	10

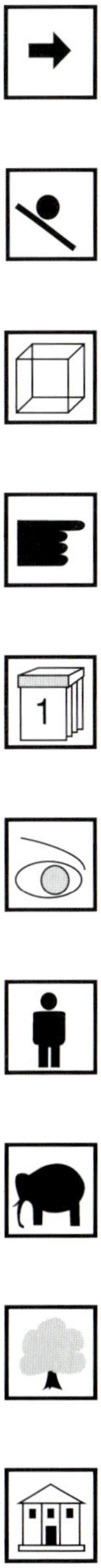

Name _____

sehr   sehr

unzufrieden   zufrieden

0	1	2	3	4	5	6	7	8	9	10

Begleitkarten
10 Wegweiser

Kopieren Sie sich die folgenden Karten – wenn möglich auf festeres Papier oder Kar-ton –, und schneiden Sie die Karten aus. Sie können sich jeweils die Karten mit den Wegweisern einstecken, deren besondere Berücksichtigung Sie sich gerade vorge-nommen haben. Die Karten dienen der Er-innerung.

Zielbezogen sein

Vorausschauen

Kraftquellen nutzen

**Verhalten neutral
wahrnehmen**

Perspektiven wechseln

**Eigenen Maßstäben
folgen**

Gedanken lenken

Bedingungen gestalten

Sich Zeit lassen

Sich pflegen

Begleitkarten zur formelhaften Vorsatzbildung

Kopieren Sie sich die folgenden Karten – wenn möglich auf festeres Papier oder Karton –, und schneiden Sie die Karten aus. Sie können sich die Karten einstecken, um sich vor einer Entspannungsübung oder einfach im Laufe des Tages immer wieder einmal an Ihren Vorsatz zu erinnern. Ihre formelhaften Vorsätze sollen mög-lichst 7 Regeln berücksichtigen:

Sie sollen
1. einem persönlichen Bedürfnis ent-sprechen.
2. auf ein klar umgrenztes Ziel gerichtet sein.
3. positiv formuliert sein.
4. in der Gegenwartsform stehen.
5. bildhaft und anregend sein.
6. möglichst rhythmisch oder in Versform gestaltet sein.
7. eher ein Lächeln hervorrufen.

formelhafter Vorsatz

formelhafter Vorsatz

formelhafter Vorsatz

formelhafter Vorsatz

Würdigung

Ich,

---

habe in den letzten Monaten
bedeutsame Schritte auf dem Weg **vom
Behandelten zum Handelnden**
im Gesundheitswesen
unternommen.

Ich habe eine Übungsform entwickelt
und in meinen Alltag eingebunden,
die es mir ermöglicht,
mich **jederzeit** und **überall**
zu **entspannen**.

In der Gewißheit meiner
eigenen Fähigkeiten ist es mir
besonders gelungen, bekannte und neue
Wege zum Wohlbefinden zu gehen.

Glossar

Autogenes Training

Das autogene Training (griechisch autos bedeutet selbst, die griechische Wurzel gen bedeutet entstehen) ist eine von dem Berliner Nervenarzt Prof. Dr. Dr. h. c. J. H. Schultz zwischen 1920 und 1930 entwickelte Entspannungsmethode, die auf wissenschaftlichen Erkenntnissen aufbaut und bewußt auf weitergehende weltanschauliche Ansprüche verzichtet. Ziel des autogenen Trainings ist die willkürliche Umschaltung vom ⇒ *Leistungszustand* in den ⇒ *Erholungszustand,* die Gewährleistung eines harmonischen Gleichgewichtes von Anspannung und Entspannung. Zur Umgehung der funktionalen Autonomie der vegetativen Regulation werden die Prinzipien einer verbesserten ⇒ *Körperwahrnehmung* und des ⇒ *Umwegs über die Vorstellung* genutzt. Das autogene Training ist eine Form der konzentrativen Selbstentspannung.

Autonomes Nervensystem

Das autonome oder vegetative Nervensystem ist der Teil des Zentralnervensystems, der die Regulation der inneren Organe und der lebenserhaltenden Funktionen (Atmung, Herzschlag, Verdauung etc.) durchführt. Im Gegensatz zu dem Teil des Zentralnervensystems, über den die Bewegungsmuskulatur gesteuert wird, kann das autonome Nervensystem nicht ohne weiteres unmittelbar über den Willen beeinflußt werden (griechisch autonómos bedeutet nach eigenen Gesetzen lebend). Die Umschaltung zwischen ⇒ *Leistungszustand* und ⇒ *Erholungszustand* wird vom autonomen Nervensystem getragen.

Assoziation (Koppelung)

Die Fähigkeit zur Assoziation ist ein grundlegendes Lernprinzip aller höheren Lebewesen. Zustände, die gleichzeitig und in wahrnehmbarer Nähe zueinander auftreten, können aneinander gekoppelt werden. Insbesondere im Bericht des ⇒ *psychoso-*

matischen Zusammenhanges ist die Assoziation von Bedeutung. Das Zusammentreffen des Anblicks einer Zitrone mit dem sauren Geschmack des Zitronensaftes und dem dadurch ausgelösten Speichelfluß führt bei mehrfacher Wiederholung zu einer festen Koppelung. Aus der gemachten Erfahrung heraus reicht schließlich der Anblick einer Zitrone oder deren bloße Vorstellung aus, um den Speichelfluß auszulösen. Das Bild der Zitrone und der Speichelfluß sind assoziiert. Auf die gleiche Art können die verschiedensten Erfahrungen, Vorstellungen, Gedanken, Körperempfindungen und -reaktionen aneinander gekoppelt und zu ⇒ *Zustandsbildern* verbunden werden.

Beeinflussung (Suggestion)

Als Beeinflussung oder Suggestion wird die Möglichkeit bezeichnet, sich selbst oder andere unter weitreichender Umgehung kritischer Einwände zu einem bestimmten Verhalten oder Empfinden zu veranlassen. Derartige Beeinflussungen können direkt über Worte und Vorstellungsbilder oder indirekt über Gegenstände, Gesten und Handlungen vermittelt werden. Eine Wirkung der indirekten Suggestion äußert sich als ⇒ *Placeboeffekt.* Eine Form der Selbstsuggestion ist der ⇒ *Leitsatz.*

Biofeedback

Unter Biofeedback versteht man die Technik, innerkörperliche Vorgänge, deren deutliche Wahrnehmung nur über eine geschulte ⇒ *Körperwahrnehmung* möglich ist, mit apparativen Hilfsmitteln aufzunehmen, zu verstärken und zum Beispiel als Ton oder als Bild zurückzumelden. Die Rückmeldung (englisch feedback bedeutet Rückmeldung) über die Außensinne ermöglicht es, eine willentliche Veränderung autonomer Körperprozesse zu erlernen.

Erholungszustand

Der Erholungszustand beschreibt die Gesamtheit der über das ⇒ *autonome Nervensystem* regulierten Körpervorgänge, die zum Wiederaufbau der im ⇒ *Leistungszustand* aufgezehrten Kraftreserven und zum Abtransport entstandener Abfallprodukte führen. Der Erholungszustand wird von dem Teil des *autonomen Nervensystems* gesteuert, den man als Erholungssystem (Parasympathikus) bezeichnet. Der Erholungszustand entsteht automatisch im Schlaf und ist das Ziel von Entspannungsübungen wie dem ⇒ *autogenen Training.* Der Erholungszustand ist die körperliche Seite des Entspannungserlebens.

Innenwendung

Mit der Innenwendung wird die psychische Situation beschrieben, in die man sich zum Beispiel im Verlauf einer gelungenen Entspannungsübung begibt. Die Innenwendung zeichnet sich durch eine große Lebhaftigkeit der eigenen Vorstellungsinhalte und durch eine starke Konzentration auf einzelne Ideen und Gedanken aus. In der Innenwendung ist die Phantasie angeregt, das Zeitempfinden geht scheinbar verloren, und es entsteht oft der Eindruck eines körperfernen Schwebens. Die Innenwendung kann etwa gezielt genutzt werden, um ⇒ *Leitsätze* im ⇒ *inneren Zwiegespräch* zu verankern oder um Vorstellungsbildern über den ⇒ *psychosomatischen Zusammenhang* zur Wirkung zu verhelfen.

Inneres Zwiegespräch

Das innere Zwiegespräch besteht aus Gedanken, mit denen man häufig mehr oder weniger bewußt sein eigenes Handeln und Fühlen begleitet und interpretiert. Das innere Zwiegespräch hat über seine häufig wiederkehrenden Anteile, über ⇒ Leitsätze einen nicht unbeträchtlichen Einfluß auf das Erleben und Verhalten. Teile des inneren Zwiegesprächs wirken als verallgemeinerte Glaubenssätze beispielsweise auf die eigene ⇒ *Motivation* oder können sich im Sinne einer ⇒ *selbsterfüllenden Prophezeiung* in Erlebniswirklichkeiten umsetzen.

Körperwahrnehmung

Mit Körperwahrnehmung beschreibt man die Sinneseindrücke, die sich auf körperliche Anteile psychosomatischer ⇨ *Zustandsbilder* richten. Zur Wahrnehmung von Umweltgegebenheiten benutzt man die Augen, die Ohren, den Tastsinn usw. Aber auch für die Geschehnisse im Körperinneren sind eine große Zahl von Sinnesfühlern vorhanden. In den Muskeln und Sehnen befinden sich Fühler, die Anspannung melden und eine Einschätzung der Körperlage ermöglichen; verteilt über den ganzen Körper existieren Fühler, die Schädigungen als Schmerz registrieren und eine Vermeidungsreaktion ermöglichen usw. Auch innerhalb des Körpers kann eine ganze Welt verschiedener Ereignisse wahrgenommen werden. Die Körperwahrnehmung tritt jedoch zumeist hinter der Wahrnehmung der Umwelt zurück. Alle Entspannungsmethoden bauen mehr oder weniger auch auf einer Schulung der Körperwahrnehmung auf.

Kraftquelle

Einerseits bezeichnet man als Kraftquellen psychosomatische ⇨ *Zustandsbilder,* die als positiv und lösungsbezogen erlebt werden, andererseits faßt man alle Fähigkeiten, die eine Person zur Lösung eines Problems einsetzen kann, unter diesem Begriff zusammen. Die Entspannung ist in diesem Sinne eine Kraftquelle zur Bewältigung von Problemen, die durch großen ⇨ *Streß* entstehen. Kraftquellen können in der Vorstellung, zum Beispiel durch die Erinnerung an zugehörige Situationen, oder auch über ⇨ *Symbole* wachgerufen werden.

Leistungszustand

Der Leistungszustand beschreibt die Gesamtheit der über das ⇨ *autonome Nervensystem* regulierten Körperveränderungen, die zur unmittelbaren Bereitstellung verfügbarer Kraftreserven und zum optimalen Zusammenspiel von Bewegungsabläufen führen. Der Leistungszustand wird von einem Teil des autonomen Nervensystems gesteuert, den man als Leistungssystem (Sympathikus) bezeichnet und entsteht automatisch bei Angriffs- oder Fluchtsituationen. Der Leistungszustand ist eine überlebensnotwendige Anpassung des Körpers an fordernde Umweltbedingungen.

Leitsatz (formelhafter Vorsatz)

Leitsätze sind Gedanken, die zu einem sich häufig wiederholenden Bestandteil des ⇨ *inneren Zwiegespräches* geworden sind und den Charakter von verallgemeinerten Glaubenssätzen gewonnen haben. Leitsätze, die man sich in der ⇨ *Innenwendung,* zum Beispiel während des ⇨ *autogenen Trainings* vorspricht, werden als formelhafte Vorsätze bezeichnet; man verwendet sie zur Beeinflussung. Sie können sich zum Beispiel im Sinne einer sich ⇨ *selbsterfüllenden Prophezeiung* unmittelbar im eigenen Handeln und Fühlen verwirklichen.

Motivation

Als Motivation werden in der psychologischen Betrachtung ganz allgemein die persönlichen Veranlassungen zum Handeln bezeichnet. Als Motiv des eigenen Handelns kommen erlebte Mangelzustände wie Hunger ebenso in Frage wie die Verlockung, die von einem attraktiv erscheinenden Ziel ausgeht. Die Motivation zum Handeln ist sehr stark abhängig von eigenen Erfahrungen und Erwartungen. Innere ⇨ *Leitsätze* können einen großen Einfluß auf die persönliche Motivation ausüben.

Placeboeffekt

Der Placeboeffekt ist die Wirkung des von jeder therapeutischen Anwendung und von jeder Heilmethode ausgehenden Versprechens auf Heilung oder Linderung. Ein Placebo ist gewissermaßen ein ⇨ *Symbol* für eine hilfreiche Wirkung. In seiner Wortbedeutung stammt der Begriff Placebo aus dem Lateinischen und läßt sich mit „ich werde gefällig sein" übersetzen. Die therapeutische Wirkung von Heilmethoden bis hin zur Wirkung von Tabletten wird durch den Glauben an dessen Hilfe verstärkt oder manchmal sogar erst dadurch erzeugt. Der Placeboeffekt ist ein faszinierender Hinweis auf die Bedeutung des ⇒ *psychosomatischen Zusammenhangs* und ein Beispiel für die Möglichkeiten der ⇒ *Beeinflussung* des eigenen Selbst.

Positive Rückkoppelung

Rückkoppelung ist die Auswirkung, die eine Veränderung auf die verändernde Instanz hat. Als Beispiel für eine Rückkoppelung betrachten wir die Regelung der Raumtemperatur über einen Heizungsthermostaten. Sinkt die Raumtemperatur unter einen erwünschten Wert, reagiert ein Meßfühler, und die Heizung wird vom Thermostaten angeworfen. Die Raumtemperatur steigt. Über den Meßfühler wird die gestiegene Temperatur an den Thermostaten rückgemeldet. Steigt die Temperatur zu hoch, wird die Heizung ausgeschaltet. Über die Rückkoppelung wird die Raumtemperatur annähernd gleich gehalten. Hierbei handelt es sich um eine negative Rückkoppelung, da Abweichungen gegenüber dem Wunschzustand verringert werden. Bei der positiven Rückkoppelung kommt es dagegen zu einer sich selbst verstärkenden Aufschaukelung. Ein einfaches Beispiel ist der schrille Ton, den man hören kann, wenn man mit einem Mikrophon zu nah an einen an das Mikrophon angeschlossenen Lautsprecher kommt. Geräusche aus dem Lautsprecher werden über das Mikrophon aufgenommen und verstärkt über den Lautsprecher wiedergegeben. Das lautere Geräusch wird wieder über das Mikrophon aufgenommen und verstärkt usw. Das Prinzip der positiven Rückkoppelung spielt eine große Rolle bei der sich selbst verstärkenden Beziehung von Vorstellung und Körperveränderung im ⇒ *psychosomatischen Zusammenhang* und insgesamt im ⇒ *autogenen Training*.

Psychosomatischer Zusammenhang

Gedanken und Vorstellungen haben im Sinne von gelernten ⇒ *Assoziationen* eine unmittelbare Auswirkung auf körperliche Zustände. Die Vorstellung einer Zitrone kann Speichelfluß auslösen, und die Vorstellung einer angstauslösenden Situation kann alle körperlichen Begleiterscheinungen des ⇒ *Leistungszustands* im Sinne einer Flucht- oder Angriffsreaktion hervorrufen. Über das grüblerische Verstetigen angst- oder ärgerauslösender Gedanken entsteht dauerhafte Anspannung. Ernsthafte Schädigungen sind möglich. Positive Vorstellungen können Gesundheit unterstützen und zum Beispiel im ⇒ *autogenen Training* in erholsame Entspannung münden. Gedanken, Vorstellungen und körperliche Zustände können sich zu vielgestaltigen ⇒ *Zustandsbildern* zusammenfügen.

Selbsterfüllende Prophezeiung

Unter einer selbsterfüllenden Prophezeiung versteht man die Verwirklichungstendenz von Vorstellungen und Erwartungen. Eine Vorstellung oder Erwartung kann das Handeln mehr oder weniger unbemerkt in Richtung auf die Verwirklichung des Vorgestellten oder Erwarteten verändern. Die selbsterfüllende Prophezeiung fußt auf dem Prinzip der ⇒ *positiven Rückkoppelung*. Als Beispiel kann der Zusammenbruch eines Aktienkurses an der Börse dienen. Wird glaubhaft das Gerücht verbreitet, daß eine bestimmte Aktie bald an Wert verliert, fühlen sich die Besitzer der Aktien veranlaßt, die Aktie zu veräußern, um noch den gegenwärtigen Kurs zu realisieren. Der verstärkte Verkauf drückt den Kurs. Der fallende Kurs beschleunigt den Verkauf usw. Der behauptete Zusammenbruch ist Wirklichkeit geworden.

Streß

Unter der Streßreaktion wird der ⇒ *Leistungszustand* verstanden. Stressoren sind Bedingungen, die eine Flucht- oder Angriffsreaktion auslösen. Die Streßreaktion ist für sich genommen weder positiv noch negativ. Erst, wenn der Leistungszustand über längere Zeit beibehalten wird und sich die Leistungsreserven zunehmend erschöpfen, bezeichnet man die Situation umgangssprachlich mit dem negativ gefärbten Begriff Streß. Auch ein dauerndes Verweilen in unterfordernden Bedingungen wird als unangenehm erlebt. Bestimmte Formen überaus leistungsorientierten Denkens und Verhaltens können zu einer dauernden Anspannung und damit auch zu körperlichen Schädigungen führen.

Symbol

Mit einem Symbol ist hier ein Gegenstand, eine Vorstellung, ein Wort, eine Körperempfindung oder eine Körperhaltung gemeint, die als ⇒ *Assoziation* zum Schlüssel für ein ganz bestimmtes psychosomatisches ⇒ *Zustandsbild* geworden ist. Dabei können die Symbole einen ursprünglichen Zweck haben und in der Koppelung darüber hinaus einen zusätzlichen Sinn gewinnen. Ein Sessel hat den Zweck, als Sitzmöbel zu dienen und kann darüber hinaus den Sinn eines Schlüsselreizes für die Entspannung zugewiesen bekommen.

Umdeutung

„Umdeutung" bezeichnet die Möglichkeit, ein und demselben Sachverhalt unterschiedliche Bedeutungen zuzuweisen oder unterschiedliche Bewertungen abzugewinnen. Eine Flasche ist ebenso halb leer wie halb voll. Der Wechsel zwischen verschiedenen möglichen Bedeutungen und Bewertungen kann über die ⇒ *Assoziation* zu einem Wechsel zwischen ganzen ⇒ *Zustandsbildern* werden. Die Umdeutung trägt damit wesentlich zur Auflösung verfahrener Problemsituationen bei.

Umweg über die Vorstellung

Der Umweg über die Vorstellung beschreibt die Möglichkeit, die Autonomie des vegetativen Nervensystems aufzuheben und Veränderungen in den lebenserhaltenden körperlichen Grundfunktionen willentlich herbeizuführen. Bestimmte Vorstellungen sind über Lernen mit bestimmten körperlichen Veränderungen gekoppelt. Über die Vorstellung wird ein Vorgang ⇒ *positiver Rückkoppelung* eingeleitet, der selbsttätig die körperlichen Anteile des zur Vorstellung gehörigen ⇒ *Zustandsbildes* wachruft.

Zustandsbild

Als Zustandsbild wird das Gesamt einer über den ⇒ *psychosomatischen Zusammenhang* entstandenen ⇒ *Assoziation* oder Koppelung zwischen Gedanken, Vorstellungen, Empfindungen, Handlungsabläufen, ⇒ *Symbolen* und Körperzuständen bezeichnet. Zustandsbilder können sehr vielfältig und vielgestaltig sein. Lösungsorientierte Zustandsbilder sind ⇒ *Kraftquellen* der Veränderung. Nach dem Erlernen des ⇒ *autogenen Trainings* stellt die Entspannung zum Beispiel ein erworbenes Zustandsbild dar, das über bestimmte Vorstellungen in seiner Gesamtheit zur Verfügung steht.

Literatur-empfehlungen

Zum autogenen Training:
Faller, R.: Autogenes Training. München, FALKEN Verlag 2002.
Hoffmann, B.: Handbuch Autogenes Training. München, Deutscher Taschenbuchverlag 2000.
Krapf, G.: Autogenes Training aus der Praxis. Ein Gruppenkurs. Berlin, Springer Verlag 1994.

Zum Biofeedback:
Zeier, H.: Biofeedback. Bern, Huber Verlag 1997.

Zum Gesundheitswesen:
Illich, I.: Die Nemesis der Medizin. Die Kritik der Medikalisierung des Lebens. München, C. H. Beck Verlag.
Frank, J. D.: Die Heiler. Stuttgart, Klett Cotta Verlag 1997.

Zur Psychosomatik:
Dethlefsen, T. und Dahlke R.: Krankheit als Weg. Deutungen und Bedeutungen der Krankheitsbilder. München, Orbis Verlag 2001.
Keil, A.: Wird Zeit, daß wir leben. Wenn Körper und Seele streiken. Genf, Ariston Verlag 1999.

Zu Lösungswegen und Wegweisern:
de Shazer, S.: Der Dreh. Überraschende Wendungen und Lösungen in der Kurzzeittherapie. Heidelberg, Carl Auer Verlag 1999.
Dilts, R. B., Hallbom T. und Smith, S.: Identität, Glaubenssysteme und Gesundheit. Paderborn, Junfermann Verlag 1998.
Thomas, K.: Praxis des autogenen Trainings, Selbsthypnose nach J. H. Schultz. Grundstufe, formelhafte Vorsätze, Oberstufe. Stuttgart, Trias Verlag 1989.
Peseschkian, N.: Auf der Suche nach Sinn. Psychotherapie der kleinen Schritte. Frankfurt, Fischer Taschenbuch Verlag 1983.
Watzlawick, P.: Anleitung zum Unglücklichsein. München, Piper 1988.

Register